Sabine Linder

Wenn die Seele weint,
beginnt der Körper zu schreien...

Selbstheilung von Depression und Schmerz

Impressum:
Autor: © 2016 Sabine Linder

Lektorat: Doreen Westphal -
MMag. Dr. Huberta Weigl, Schreibwerkstatt e.U.
1030 Wien; Tel. +43 680 1247994
Umschlaggestaltung: Sabine Linder / Angelika Fleckenstein
Layout Buchblock: Angelika Fleckenstein; spotsrock.de

Verlag: tredition GmbH, Hamburg

ISBN Taschenbuch: 978-3-7345-4871-0
ISBN Hardcover: 978-3-7345-4872-7
ISBN eBook: 978-3-7345-4873-4

Bibliografische Information der Deutschen Nationalbibliothek: Die Deutsche Nationalbibliothek verzeichnet diese Publikation in der Deutschen Nationalbibliografie; detaillierte bibliografische Daten sind im Internet über http://dnb.d-nb.de abrufbar.

„Wir haben viel stärkere Flügel als wir glauben.

Wir wagen es nur nicht, sie zu entfalten.

Wir wagen es nicht zu fliegen."

Luise Rinser

Inhaltsverzeichnis

Vorwort

Unser Körper ist uns ein guter Freund, denn er ist verlässlich und fungiert auch dann noch als Sprachrohr unserer Seele, wenn wir lange, oft zu lange gegen deren Bedürfnisse gelebt haben. Wenn die Seele hungert, dann beginnt der Körper zu schreien, und zwar so laut, dass wir gar nicht anders können, als hinzuhören.

Dann kommt so eine Seelenbotschaft zum Beispiel in Form eines körperlichen oder seelischen Leidens und stellt erst einmal alles auf den Kopf: unsere bisherigen Überzeugungen, ja unser gesamtes Weltbild! Und so muss es auch sein, denn wir bekommen erst dann genug Kraft und Mut, etwas zu verändern, wenn der Leidensdruck sehr groß ist.

Mein Leidensdruck war so groß, dass ich beinahe schon handlungsunfähig war. Im Nachhinein habe ich mich oft gefragt, warum es so weit kommen musste. Vielleicht weil ich erst einmal an einen Punkt kommen musste, an dem ich nichts mehr zu verlieren hatte.

Es ist nicht einfach, den Weg des Herzens zu gehen, und es gehört viel Mut dazu. Viel zu groß ist die Angst vor Veränderung; Schamgefühle und Versagensängste sorgen dafür, dass wir unsere Sicherheitszone nicht verlassen. Es ist die Angst davor, unbequeme Wege gehen oder schwierige Entscheidungen treffen zu müssen, die Angst davor, Verantwortung für das eigene Leben zu übernehmen.

Doch ein erfülltes Leben in Glück, Gesundheit und Liebe ist möglich! Der Keim dazu steckt in jedem von uns. Und irgendwann lassen sich die Botschaften unserer Seele einfach nicht mehr überhören.

„Für die lernende Seele hat das Leben auch in seinen dunklen Stunden einen unendlichen Wert."

Immanuel Kant

Ein ganz normales Leben

„Es gibt einen Platz, den du füllen musst, den niemand sonst füllen kann und es gibt etwas für dich zu tun, das niemand sonst tun kann."

Platon

Mein Leben bis zum Beginn meiner Schmerzerkrankung und Depression verlief relativ normal. Der Alltag war manchmal hektisch, aber dafür gab es ja die Wochenenden, an denen ich mich entspannen und die Zeit für mich nutzen konnte, um wieder aufzutanken. Ab und zu traf ich mich mit Freunden, die Jahreszeiten wechselten, die Jahre vergingen und ich lebte so dahin. Ich arbeitete für mein schönes Zuhause, die Eigentumswohnung, die ich mit meinem Freund Michael gekauft hatte. Ich glaubte, ich sei zufrieden mit meinem Leben, besser gesagt, ich *wollte* es glauben. Viele meiner Freunde hatten inzwischen Familie und Kinder. Durch die Veränderung der Lebensumstände begannen sich die Interessen des Großteils meiner Freunde von den meinen massiv zu unterscheiden. Sie hatten ihre Familien und Kinder als Mittelpunkt ihres Lebens. Ich hatte meine Ausbildungen, meine Bücher und meine großen Träume.

„Man kann nie glücklich werden, wenn sich das, woran man glaubt, nicht mit dem deckt, was man tut."

Ralph Waldo Emerson

Ich glaube, irgendwie ist mein Leben immer schon etwas anders verlaufen als bei den meisten meiner Bekannten. Deshalb fühlte ich mich auch ständig anders als die Menschen aus meinem Umfeld. Aus Gründen der Vernunft bzw. auf Anraten meiner Eltern hatte ich trotz großen inneren Widerstandes eine Lehre als Bürokauffrau abgeschlossen. Im Berufsfindungsalter – ich bin Jahrgang 1970 – hatte ich keinen blassen Schimmer gehabt, was ich mit meinem Leben anfangen sollte. Die Möglichkeiten der Berufswahl und der Ausbildungen waren zu jener Zeit begrenzter als heute. Bis dahin war der Skirennsport mein größter Lebensinhalt, mein Vater bedauert es wahrscheinlich bis heute, dass ich trotz meinem großen Talent meine Skikarriere im Teenager-Alter einfach aufgegeben habe. Das Skifahren an sich liebte ich, doch der ständige Leistungsdruck und immer unterwegs zu sein, das lag nicht in meiner Natur.

Ich sollte dann halt etwas Normales lernen, wie Bürokauffrau, das war damals groß in Mode. Doch mit den normalen Dingen im Leben hatte ich so meine Mühe. Immer schon hatte ich durch mein Denken und meine Einstellung zu manchen Dingen dieses seltsame Gefühl, nicht in das Standardschema der Gesellschaft zu passen. Ich versuchte zwar immer, mich zu fügen und mich anzupassen, doch irgendwie gelang mir das niemals so, wie ich es mir wünschte.

Einerseits faszinierten mich immer schon Menschen, die irgendwie anders waren als die Mehrheit der Gesellschaft. Rebellen wie James Dean übten auf mich eine besondere Faszination aus. Andererseits wurde genau dieser Wunsch, anders zu sein, zu einem immer größer werdenden Problem in meinem Leben. In mir regte sich immer wieder diese innere Stimme, die mir sagte, etwas gegen das Leid in dieser Welt zu unternehmen. Ob es nun Menschen oder Tiere waren, denen Unrecht geschah, ich konnte einfach nicht wegschauen und tatenlos zusehen. Der Missbrauch von Macht und die so weit verbreitete Gleichgültigkeit der Menschen machten mich wütend und traurig. Was ich mit Sicherheit wusste war, dass mir das Leid von wehrlosen Geschöpfen niemals gleichgültig sein wird.

„Ich hoffe immer noch, dass ich die Welt ein wenig besser verlasse, als ich sie vorgefunden habe."

Jim Henson

Nach meiner abgeschlossenen Bürolehre arbeitete ich mal hier und mal da, ständig auf der Suche nach dem richtigen Job. Zwischen all diesen normalen Berufsjahren gelang es mir tatsächlich, zwei Sommer lang in Griechenland, in Santorin, als Reiseleiterin zu arbeiten. Diese Erfahrung mit einem außergewöhnlichen Job an einem außergewöhnlichen Ort spielte eine ganz entscheidende Rolle für meinen späteren Lebensweg. Santorin und Griechenland mit all den damit verbundenen Gefühlen hatten mich intensiv geprägt und verändert und erst viel später konnte ich erkennen, welche Bedeutung dies für mein Leben haben sollte.

Später lernte ich dann meinen Freund Michael kennen, mit dem ich nun über fünfzehn Jahre zusammenlebe. Mit ihm habe ich viele Höhen und Tiefen überstanden. Denn auch für ihn war diese lange Zeit von Schmerz und Leid alles andere als leicht. Die wirkliche Zweisamkeit und Harmonie verging mit den Jahren, die Streitigkeiten wurden mehr, bis wir uns dann vorübergehend trennten. Erst später erkannte ich den Grund dafür, dass wir uns in all den Jahren fast gänzlich auseinandergelebt hatten: Es war diese tiefe Sehnsucht in mir, meine ständige Suche nach dieser *einen* Sache in meinem Leben, die mir endlich Erfüllung und inneren Frieden schenken würde. Aufgrund meiner ständigen Unzufriedenheit suchte ich dann die Schuld in unserer Beziehung, es musste doch einen Grund geben für dieses komische Gefühl von Einsamkeit in mir drinnen. Das Problem war jedoch, dass ich gar nicht genau wusste, wonach ich suchte; ich wusste nur eines: Menschen, die nicht so waren wie alle anderen, die es irgendwie geschafft hatten, frei und unabhängig zu leben, übten auf mich eine große Faszination aus. Ich hatte das tiefe Bedürfnis, ebenso selbstbestimmt und frei leben zu können, ohne darauf zu achten, was die anderen sagten, einfach so sein zu können, wie ich bin, das hatte ich schon immer gewollt, aber wie sollte das funktionieren?

„Eure Zeit ist begrenzt. Also verschwendet sie nicht, indem ihr das Leben anderer lebt. Lasst euch nicht von Dogmen beherrschen, die das Ergebnis der Gedanken anderer sind. Lasst nicht den Lärm der anderen eure eigene Stimme überdecken."

Steve Jobs

Ich war sehr gut im Überspielen meiner inneren Sehnsucht und den Gefühlen von Einsamkeit. Da ich sehr kommunikativ bin, waren Feste und Partys mir immer sehr willkommen. Das Zusammensein und das Lachen mit Menschen bereiteten mir große Freude und dabei konnte ich manchmal ein Gefühl von Zugehörigkeit in mir spüren. Es tat mir gut, Teil einer Gruppe zu sein, das war mir wichtiger, als ich glaubte.

Ich wusste einfach nicht, was mir in meinem scheinbar so geregelten und glücklichen Leben fehlte; außer meinem extremen Drang nach Freiheit und Unabhängigkeit führte ich doch ein normales Leben. Allerdings spürte ich immer wieder, dass irgendetwas gar nicht stimmte, etwas fehlte, aber was um Himmels Willen war das nur? Ich kaufte also mit Michael zusammen eine Eigentumswohnung, dann kam unsere Katze Flitzi ins Haus, und es schien alles harmonisch zu sein. Und mindestens einmal im Jahr machte ich Urlaub auf meiner Insel Santorin, wo ich immer wieder aufs Neue das Gefühl von

Geborgenheit und Glück spüren konnte, warum, wusste ich nicht, es war einfach so. Wenn ich auf dieser Insel war, dann war für kurze Zeit alles schön und quälende Gedanken hatten keine Chance. Es war ein Gefühl von Freiheit und auch von Heimat. Diese Insel wurde mit den Jahren mein größter Kraftort, immer wieder konnte ich dort spüren, dass Herz und Verstand eins waren, es fühlte sich friedlich und ruhig an. Immer und immer wieder ging ich auf diese Insel und wieder nach Hause und wieder auf die Insel und wieder ...

„Nicht da ist man daheim, wo man seinen Wohnsitz hat, sondern da wo man verstanden wird."

Christian Morgenstern

Keiner der vielen Jobs fühlte sich stimmig an. Immer war im Hintergrund dieses seltsame Gefühl, nirgends so richtig dazu zu gehören. Eher durch Zufall landete ich dann im Büro einer Lebensversicherung. Es ging mir dabei recht gut, ich durfte in dieser Firma unglaublich wertvolle Erfahrungen sammeln und fand Freunde fürs Leben. Nach einigen Jahren hatte ich mir gewisse Privilegien erarbeitet, ich konnte meine Arbeit vollkommen selbstständig tun, ohne dass mir irgendjemand sagte, wie ich was machen sollte, das hat mir gefallen. Alles war so weit gut, und trotzdem ließ mich diese innere Stimme nicht los, die mir immer wieder zurief, dass das nicht alles sein könne und dass es für mich noch etwas anderes zu tun gäbe auf dieser Welt.

Zwar gab ich niemals meine Träume auf und machte regelmäßig Aus- und Weiterbildungen zu meinen Themen. Die intensivste und wichtigste Ausbildung war dabei wohl die zum akademischen Mentalcoach und zur Sozial- und Lebensberaterin, durch die ich sehr viel Selbsterkenntnis gewann und die mir eine ganz neue Sichtweise vermittelte. Doch schlussendlich fehlte es mir immer an Kraft und Selbstbewusstsein, eine grundlegende Veränderung in meinem Leben vorzunehmen. Ich gewöhnte mich eben an mein vermeintlich glückliches und geregeltes Privat- und Arbeitsleben und glaubte, keine weiteren Ansprüche stellen zu dürfen. Oft ermahnte ich mich selbst, doch endlich zufrieden zu sein mit dem, was ich hatte.

Ich besitze ein enormes Durchhaltevermögen, was ja eine große Stärke sein kann, wenn man es gut für sich nutzt. Ich aber lebte ein Leben, das nicht meins war und wo etwas ganz Entscheidendes fehlte, und musste irgendwann erkennen, dass mein Durchhaltevermögen dazu beigetragen hat, etwas aufrechtzuerhalten, was mir nicht guttat.

„Öffne deine Augen, schau nach innen. Bist du zufrieden mit dem Leben, das du lebst?"

Bob Marley

Der Einbruch

„Krankheit beendet oft unser Leben – unser bisheriges Leben."

Prof. Dr. med. Gerhard Uhlenbruck

Ganz genau kann ich mich nicht mehr an den Beginn der Katastrophe erinnern. Das Heimtückische an der Depression ist ja, dass sie bei jedem Menschen ganz unterschiedliche Symptome zeigen kann und dass sie nicht blitzartig kommt, sondern langsam und schleichend, manchmal kann dieser Prozess über Jahre gehen. Man könnte diese Krankheit vergleichen mit einem sehr schlauen inneren Wesen, dass alles daransetzt, dass man ihm nicht so schnell auf die Schliche kommt, um nur ja irgendwie den Durchbruch zu schaffen. Ich selber wusste jedenfalls sehr lange Zeit nicht, was mit mir los war, denn ich hatte zu Beginn nicht die klassischen depressiven Symptome, nur wahnsinnige körperliche Schmerzen, genau gesagt Blasenschmerzen. Wie sollte ich darauf kommen, dass Blasenschmerzen in ihrer unerträglichsten Form etwas mit einer Depression zu tun haben könnten?

So oft habe ich mich selbst beschuldigt und mir die Frage gestellt: Warum konnte ich die Zeichen nicht früher erkennen, wo ich doch so viele Bücher über Selbstheilung und mentale

Stärke gelesen hatte und ausgezeichnete Ausbildungen auf diesem Gebiet absolviert?

Wann hat es begonnen, das Leid, der Schmerz? Wenn ich spontan darauf antworten müsste, käme ich fast in Versuchung zu sagen, ja, mein Schmerz hat über Nacht begonnen, von einer Sekunde auf die andere, so war es tatsächlich. Aber wenn ich ganz ehrlich bin, hat das Ganze schon viel früher, nämlich bereits in meiner Kindheit angefangen, schon da war ich oft sehr traurig und fühlte mich einsam. Das Gefühl, irgendwie anders zu sein als die anderen, trennte oft meine Welt von der Welt da draußen. Im Volksschulalter war ich dieses schüchterne, wenn auch brave Kind, das damals schon sehr viel über Krankheit und Tod nachgedacht hat.

Ich hatte mit sieben Jahren eine schwere Gelbsucht und war zwei Monate im Spital in einem Einzelzimmer. Das, zusammen mit der Sorge meiner Eltern, dass es wirklich schlimm um mich stehen könnte, war möglicherweise der Grund für viele meiner späteren Ängste.

„Ich hatte mein ganzes Leben viele Probleme und Sorgen. Die meisten von ihnen sind aber niemals eingetreten."

Mark Twain

Seit ich denken kann, hatte ich eine furchtbare Angst vor Diagnosen und Krankheiten, wobei die Angst vor einer negativen Diagnose, also der Wahrheit, fast noch größer war als die Angst vor der Krankheit selbst. Das artete später in Panikattacken aus, und ich ging überhaupt nicht mehr zum Arzt, sondern lebte nach dem Motto „Was ich nicht weiß, macht mich nicht heiß". So wurde ich mit der Zeit eine Meisterin in Verdrängung und vermied das Thema Gesundheit komplett. Vorsorgeuntersuchungen gab es für mich nicht, dabei war meine Angst immer da, sie ist praktisch mit mir mitgewachsen. Ich überspielte sie mit Partys, mit Menschen und Humor. Kein Fest konnte ohne mich gefeiert werden, es war ständig laut und lustig. Nach außen mag ich wie ein fröhlicher Mensch mit viel Humor gewirkt haben. Mein trauriges Innenleben kannte niemand, noch nicht einmal ich selbst.

„Der Clown in mir...

... doch mein eigenes Lachen habe ich nie gehört."

Nico Szaba

Viel zu lange habe ich die Rolle des Clowns gespielt, es war viel leichter, meine Traurigkeit zu überspielen, als zu sagen, wer ich war – einmal abgesehen davon, dass ich zu dieser Zeit noch keinen blassen Schimmer davon hatte, wer ich wirklich war. Ich konnte nur dieses ungute Gefühl in mir wahrnehmen. Wahrscheinlich hatte ich große Angst, vor anderen Menschen als Verliererin dazustehen. Es geht doch um Leistung und Erfolg im Leben, oder? Wenn du gut und stark bist, dann bist du erfolgreich, wenn du erfolgreich bist, dann wirst du geliebt! Also geht es darum, stark zu bleiben, egal wie man sich fühlt! Und wenn man sich erst einmal diese Entertainerrolle als Schutzfunktion zugelegt hat, ist es schwer, sie wieder aufzugeben.

Wir leben in einer Leistungsgesellschaft und Anerkennung war für mich gleichbedeutend mit Liebe. So war ich ständig auf der Suche nach Anerkennung – und in Wahrheit wohl nach Liebe. Ich wollte gut sein, in allem, was ich tat, ich war ehrgeizig und wollte allen zeigen, wie gut ich eigentlich bin. Ich gab meistens alles und noch mehr, um Lob oder Anerkennung zu ernten, dafür lebte ich. Ja keine Schwäche zeigen, so glaubte ich, und vor allem keine Tränen, ich wollte niemals eine Versagerin sein und schon gar nicht depressiv, das sind doch die Schlimmsten, die sind doch in unserer Gesellschaft total untendurch, davon war ich überzeugt. Ich hatte ja keine Ahnung, dass ich mit meinem Verhalten und meiner Einstellung auf direktem Wege in mein Verderben lief. Ich, die immer gern für andere da war, immer stark und hilfsbereit und fröhlich ... ich und meine Maske begannen langsam, aber sicher zu fallen.

Die anderen Menschen empfand ich manchmal als sehr oberflächlich, aber wenigstens waren sie normal! Und da ich meistens mit Menschen zusammen war, die zu diesen normalen gehörten, also Familie, Haus, Garten usw. hatten, fühlte ich mich nirgends richtig zugehörig und manchmal beneidete ich sogar die vermeintliche Normalität der anderen. Wenn die anderen Menschen also alle normal waren und ich komisch oder anders, dann musste ich doch versuchen, irgendwie auch normal zu werden, damit ich dazugehören konnte. Ja, ich glaube, der Wunsch nach Zugehörigkeit war der Beginn. Ich bemühte mich, viel für meine Freunde zu tun, damit ich mich zu einem Teil ihrer Gruppe zählen durfte. Das Gefühl von Einsamkeit und Abhängigkeit von anderen Menschen ist bei mir möglicherweise dadurch entstanden, dass ich glaubte, nicht gut genug zu sein bzw. nicht so gut wie die anderen. Dadurch versuchte ich mit viel Einsatz und Leistung mindestens ebenso gut, wenn nicht besser zu sein.

„Im Grunde sind es immer die Verbindungen mit Menschen, die dem Leben seinen Wert geben."

Friedrich Wilhelm von Humboldt

Egal was ich tat und wo ich arbeitete, das Gefühl, nicht gut genug zu sein, verfolgte mich. Ich arbeitete hart, oft sogar, wenn ich krank war, das gab mir dann dieses gute Gefühl, alles zu geben, kein Weichei zu sein, das fand ich cool. Was daraus resultierte, war jedoch weniger cool, nie bekam ich für meine übertriebene Leistungsbereitschaft das ersehnte Lob oder die Anerkennung, die ich mir so erhofft hatte. Oft blieb nur das Gefühl, ausgenutzt worden zu sein. So begann sich diese Abwärtsspirale in meinem Leben langsam zu zeigen: Ich wollte alles geben, mir selbst und anderen beweisen, wie gut und stark ich war, und trotzdem schaffte ich es nicht!

Ich begann zu überlegen, was ich denn falsch machte. Wenn ich doch so viel Einsatz zeigte, warum bekam ich dann nicht auch einmal etwas zurück? Das war mein größtes Problem: alles zu geben und nichts zurückzubekommen. So versuchte ich, immer noch mehr zu leisten, noch mehr zu geben, um endlich die ersehnte Anerkennung zu bekommen, ich wollte etwas wert sein. Sehr lange begriff ich nicht, dass ich mich mit der Einstellung, Anerkennung und Wertschätzung von außen bekommen zu wollen, selbst sabotierte und mein eigener Sklave blieb. Ich selbst konnte mir damals noch keine Wertschätzung geben, ich kannte sie nicht. Dass jeder Mensch auf seine ganz besondere Art wertvoll und einzigartig ist, ganz und gar ohne spezielle Leistung oder gar Erfolg, diese Sichtweise war mir völlig fremd.

Als ich dann einige Jahre später aus eigener Kraft die Ausbildung – ich wollte mich von meinen Ängsten und gesundheitlichen Problemen selbst befreien – zum akademischen Mentalcoach und zur Diplomsozial- und -lebensberaterin erfolgreich absolviert hatte, dachte ich eine Weile, das Zaubermittel fürs Glück gefunden zu haben. Meine Euphorie und Begeisterung waren nicht zu bremsen, die therapeutischen Selbsterfahrungen, die ich für mich und für meine dunklen Themen machen musste, nicht zu unterschätzen. Es war eine exzellente und sehr teure Ausbildung mit wissenschaftlich erwiesenen Techniken. Mit positiven Bildern und Wörtern lässt sich scheinbar alles kurieren, so dachte ich tatsächlich, eine unglaubliche Wirkung mit so wenig Aufwand, ich war begeistert. Jetzt hatte ich etwas gefunden, das alles zusammenbrachte, was mir immer schon gefiel: den Menschen helfen und dabei sogar richtig gut Geld verdienen, dadurch für mich selbst gute Gefühle ... was wollte ich mehr! Ich dachte eine Weile wirklich, angekommen zu sein. Aber das Gefühl, anders zu sein, war geblieben. Diesmal bezog es sich auf meine Mitschüler: Alles schien so hoch qualifiziert und wichtig und immer wieder tauchte in mir die altbekannte Stimme auf: „Hallo, du da, das ist nicht deine Liga, viel zu hoch, du gehörst nicht hierher!" Eine Zeit lang jedoch ging es mir sehr gut. Durch die Ausbildung habe ich mich kennengelernt, und ich bin sehr dankbar und stolz, dass ich diese Entscheidung getroffen habe. Damals wusste ich noch nicht, dass eine Zeit in meinem Leben kommen würde, in der auch meine heißgeliebten Mentaltechniken nicht mehr wirkten. Ich hatte tatsächlich geglaubt, das Allheilmittel gegen mein Leid gefunden zu haben, doch es gibt etwas, das noch viel tiefer sitzt, das entdeckte ich aber erst später ...

„Der Geist wird reich durch das, was er empfängt, das Herz durch das, was es gibt."

Victor Hugo

Ich habe immer versucht, Begeisterung in mein Leben zu bringen. Dieses Wort hatte immer schon eine magische Wirkung auf mich. Wie schnell konnte ich mich für etwas begeistern! Beispielsweise faszinierten mich Menschen, die gut reden konnten. Damit meine ich nicht schön reden, sondern aus der Seele sprechen, wenn jemand über etwas spricht, was ihn oder sie begeistert, und man das Gefühl hat, da stimmt alles. In „Begeisterung" steckt das Wort „Geist". Viele Dinge, die mich erfüllten, tat ich neben meinem Job, so glaubte ich zumindest. Aber dem war wohl nicht so. In Wirklichkeit hungerte mein Geist nach Nahrung. Wenn unser Geist unterernährt ist, verkümmert er. Wir wissen, dass Körper und Geist eng zusammenhängen. Wie soll es also unserem Körper gut gehen, wenn unser Geist am Verhungern ist?

„Nichts Großes ist je ohne Begeisterung geschaffen worden."

Ralph Waldo Emerson

Ich habe immer schon gespürt, dass ich irgendwie hungrig auf Wissen war. Mich faszinierten Menschen, die diesen gewissen Ausdruck von Weisheit und Lebensfreude in sich tragen. Menschen, die etwas bewegen können, die voller Hingabe an der Verwirklichung ihrer Träume arbeiten, Menschen, die für etwas oder für jemanden leben und nicht nur für sich selbst. Aber ich wusste nicht, wie ich selbst zu diesem Ausdruck kommen sollte. Mein Geist hatte Hunger, großen Hunger. Dieser Hunger war so groß, dass er durch nichts gestillt werden konnte. Das habe ich übrigens auch an meinem Körper spüren können, auch mein Körper hatte immer Hunger, der überdurchschnittlich groß war. Aber dass dieser Hunger eigentlich von meinem hungrigen Geist kam, darauf wäre ich niemals gekommen. Immer wenn ich etwas Neues erfahren oder lernen durfte, was mich sehr interessierte, fühlte sich das warm, friedlich und vor allem sinnerfüllt an. Dieser Hunger nach geistiger Nahrung, die mir fehlte, und nach Sinn ließen mich nahezu verhungern, und das, obwohl ich sicher alles andere als verhungert ausgesehen habe.

Eines Nachts wachte ich mit heftigen messerstichartigen Blasenschmerzen auf. Nach einer Antibiotikakur wurden die Schmerzen anfangs weniger, kamen dann aber zurück und wollten nicht mehr vergehen. So groß meine Angst in all den Jahren bei den unterschiedlichsten Erkrankungen auch immer gewesen war, dass es etwas Schlimmes sein könnte, irgendwann war alles wieder vorbeigegangen. Doch jetzt war

eingetroffen, wovor ich mich immer gefürchtet hatte: Ich litt an einer Krankheit, die nicht wieder vorbeigehen wollte. Das war der absolute Worst Case für mich. Die Symptome veränderten sich zwar ständig in ihrer Art und Intensität, aber sie kamen immer wieder.

Da stand ich nun, eine vermeintlich fröhliche und starke Frau, über 40 Jahre alt, am Boden zerstört, ein Häufchen Elend. Ich probierte Psychotherapie, Kinesiologie, Craniosakraltherapie und Qigong auf meiner Suche nach Heilung, denn ich wollte wieder leben, lachen, schmerzfrei sein. Doch nach und nach musste ich erkennen, dass es offensichtlich keine Therapiemöglichkeit für meine seltsame Krankheit gab. Ich hatte jedes Wundermittelchen versucht, das ich bekommen konnte, hatte Unsummen von Geld ausgegeben, um endlich die ersehnte Heilung zu finden, doch Fehlanzeige, nichts und niemand hatte mir helfen können. Im Gegenteil, während ich zu Beginn meiner Schmerzphase bei jedem neuen Versuch noch große Hoffnung auf rasche Heilung gehabt hatte, waren aus dieser Hoffnung immer wieder Enttäuschung, Frustration und die langsam wachsende Erkenntnis geworden, dass es für mein Leiden offensichtlich einfach nichts gab, was mir helfen konnte.

Irgendwann war ich total am Boden und glaubte tief und fest, dass das jetzt mein Ende sei. Erst zu diesem Zeitpunkt war ich bereit, Arztbesuche zu machen, damit ich die offensichtlich letzte Phase meines Lebens halbwegs schmerzfrei verbringen könnte, das waren meine Gedanken und meine Überzeugung. Und genau so habe ich mich auch gefühlt: dem Tode näher als dem Leben. In dieser Zeit bin ich im Geiste bestimmt tausendmal gestorben, ich mit meiner Todesangst vor Diagnosen und Befunden, die schon Schweißausbrüche bekommt, wenn sie nur einen Arztkittel sieht!

„Jede Krankheit ist nur so erschreckend wie man von ihr denkt."

Dr. Ebo Rau

Vor jedem neuen Arztbesuch dachte ich, dass jetzt sicher mein Todesurteil kommen würde. Umso schöner und befreiender war dann die Tatsache, dass ein Befund nach dem anderen positiv ausfiel, das heißt, die Ärzte konnten einfach nichts finden. Zumindest hatte ich noch eine Schonfrist bekommen, so sagte ich mir. Einerseits fühlte es sich sehr befreiend an, „gesund" zu sein. Andererseits waren die Schmerzen immer noch da und sie kontrollierten mich und mein Leben voll und ganz. Immer wieder führte ich Gespräche mit Menschen über diese seltsame Krankheit, immer wieder die aufsteigenden Zweifel, dass es doch etwas Schlimmes sein könnte, was die Ärzte vielleicht übersehen hätten.

„Am Ende behält der Hypochonder Recht."

Werner Hadulla

Wie gesagt veränderten sich die Symptome ständig, und ich konnte trotz intensiver Auseinandersetzung mit mir selbst und strenger Selbstreflexion, trotz unzähliger Experimente in meinem Leben keinen Auslöser für diese massiven Schmerzen erkennen bzw. keine Ursache. Sie kamen und gingen, wie es ihnen gerade passte. Warum wollten sie einfach nicht mehr aufhören? Was wollten sie mir sagen? Warum ich? Warum dann nicht gleich sterben? Was sollte ich daraus lernen? All diese Fragen tauchten auf. Ich war ratlos, machtlos, hilflos und fühlte mich wertlos und dadurch unendlich einsam. Mein bisheriges normales Leben hatte sich verabschiedet, mein Lachen war weg, meine Lebensfreude verschwunden.

„Man sollte sich weniger mit der Frage ‚Warum bin ich krank geworden?' beschäftigen, als sich darauf konzentrieren: ‚Warum will ich gesund werden?'"

Helga Schäferling

Es war zermürbend, erniedrigend und entmutigend! Ich hatte das Gefühl, dass mich jeder Schmerzanfall schwächer und kränker machte; es wurde immer schwerer, mich danach wieder aufzuraffen und ein halbwegs normales Leben zu führen. Ich wurde immer trauriger und wütender – keine Hoffnung auf Besserung, kein Ende des Tunnels in Sicht, keine Lösung! Ich kam zu dem Schluss, dass es etwas Tieferes sein musste, es fühlte sich an wie in mich einbetoniert, nichts und niemand konnte mich von dem Schmerz und der Traurigkeit befreien.

Manchmal sah ich auch in den Gesichtern meiner Mitmenschen, dass sie mir nicht glaubten, das war vielleicht das Schlimmste. Eigentlich war ich ja vollkommen gesund und fühlte mich doch so krank, dass ich weit entfernt von einem normalen Leben war.

„Der Frontalangriff auf manche Symptome hält sie nur im Brennpunkt der Aufmerksamkeit fest und erhält sie am Leben."

Viktor Frankl

Den alles entscheidenden Moment für meine Heilung fand ich in keinem Mittelchen, bei keinem Arzt oder Heiler, sondern das Wunder geschah im stillen Kämmerlein in einem Moment, als mir gerade wieder einmal ein paar Tränen übers Gesicht rollten. Genau da passierte das Unfassbare: ein Erkennen, eine Freude, eine tiefe Dankbarkeit und innere Ruhe und das Gefühl des Friedens. Es war eine Botschaft von meiner eigenen Seele, und die war so kraftvoll, dass ich die tiefe Überzeugung spüren konnte, dieser Moment sei ganz bedeutend für mich und meine Heilung. Und so war es tatsächlich: Von da an begann sich alles zu verändern.

Rückblickend glaube ich, dass die Schmerzen und die Traurigkeit so lange bei mir waren, wie ich sie brauchte. Die Zeit war wichtig für meine eigene Entwicklung, ich musste erkennen, wer ich bin und was ich sein will. Wie soll das im geschäftigen Alltag gehen? Da gibt es doch keine Zeit, mit sich selbst in Zwiesprache zu treten! Es war kein leichter Weg, aber ich bin wirklich dankbar dafür, dass die Schmerzen eine ganze Weile bei mir geblieben sind. Sonst wäre ich niemals zu dem Menschen geworden, der ich heute bin.

„Schmerz und Krankheit sind die Notbremse der Seele."

Helga Schäferling

Die Angst vor Krankheit hat mein Leben kontrolliert und auch meine Lebensfreude. Vor meinem inneren Auge erschienen oft die im Krankenhaus vor sich hinvegetierenden Menschen, so etwas wollte ich nicht. Ich war davon überzeugt, dass ich glücklich sein könne, wenn ich körperlich vollkommen gesund und ohne Schmerzen sei. Diese Annahme hat sich mit der Zeit umgekehrt. Wie ich erfahren durfte, fühlt sich unsere Seele wohl, wenn wir ein Leben voller Liebe und Erfüllung führen, und dann tauchen auch kaum Krankheiten auf. Schon die Bibel weiß: Der Mensch lebt nicht vom Brot allein. Zuerst muss unser Seelenhunger gestillt werden, dann können wir auch körperlich und psychisch gesund sein. Wenn ich das nicht selbst erlebt hätte, dann hätte ich es nicht geglaubt. Meine eigene Geschichte hatte viel mehr Überzeugungskraft als die unzähligen Bücher, die ich zu diesem Thema gelesen habe.

Dennoch möchte ich an dieser Stelle eine interessante Parallele zwischen den Büchern von Viktor E. Frankl und meiner eigenen Geschichte erzählen. Das Thema Logotherapie und Existenzanalyse entdeckte ich erst nach meiner großen Krise. Selten habe ich so viel über Weisheit und Sinn erfahren dürfen wie in seinen Büchern. Das Thema, welches mich am meisten faszinierte, war die sogenannte „Dereflexion", eine

Therapieform aus der Logotherapie. Dort wurde mit einer verblüffenden Ähnlichkeit das beschrieben, was ich aus purer Verzweiflung instinktiv selber praktiziert habe. Es geht im Grunde darum, den Fokus auf die Dinge zu lenken, die man liebt und die Seele mit Sinn und Liebe zu erfüllen anstatt sich ständig mit den eigenen Krankheitssymptomen zu beschäftigen. Ich war erstaunt, gerührt und zutiefst dankbar über die verblüffende Ähnlichkeit zwischen dieser Therapieform und meinen eigenen Erfahrungen. Tatsächlich hatte ich eine abgewandelte Form von Frankls Dereflexion erfolgreich an mir selber angewandt, ohne auch nur den blassesten Schimmer davon gehabt zu haben. Viktor E. Frankl und seine Bücher waren das fehlende Puzzleteil, nach dem ich so lange gesucht habe.

„Nicht selten werden wir sehen, daß es, um ein Symptom aufzulösen, nur notwendig ist, die Aufmerksamkeit abzulösen, die um dieses Symptom fokal zentriert war."

Viktor Frankl / Aus dem Buch: Das Leiden am sinnlosen Leben – Psychotherapie für heute / Herder Verlag

Depression

„Es gibt Menschen, die bringen alle schönen und heroischen Taten fertig, nur eine nicht: sich zu enthalten, den Unglücklichen von ihrem Glück zu erzählen."

Mark Twain

Zuerst waren die Schmerzen da, dann kam die Trennung von der Welt und dann die Dunkelheit. Farblos, grau in grau, kein Gefühl im Herzen, keinen Sinn mehr erkennen und keine Notwendigkeit, weiterzuleben. Was soll das Leben für einen Sinn haben, wenn ich selbst keinen sehen kann?

Ich hatte chronische Schmerzen, das heißt, Schmerzen ohne organische Ursache über einen längeren Zeitraum; „psychosomatisch", dieses Wort hörte ich immer häufiger.

Und ich lebte in einer zweigeteilten Welt: Es gab meine Welt drinnen, und es gab die Welt da draußen und ich hatte das Gefühl, ich habe in der Außenwelt nichts mehr zu suchen, war in meiner Welt gefangen. Was war nur los mit mir? Ich kannte mich nicht mehr aus, dabei war alles wie immer, die Menschen, die Arbeit ... und gleichzeitig dieses schleichende Gefühl von Isoliertheit, von Einsamkeit, als ob die Menschen sich von mir entfernten und die ganze Welt mich verlassen hatte. Es fühlte sich an wie ein dunkler Schleier, und die Welt war für mich weit weg. Es war, als ob es eine Glaswand zwischen mir und der Außenwelt gebe, eine Trennung, die ich nicht durchbrechen konnte. Woher kam diese Wand und wie sollte ich es schaffen, wieder an der Welt teilzunehmen, mich wieder zugehörig fühlen?

„Das Gefühl von Einsamkeit war dann am schlimmsten, wenn andere Menschen über ganz normale Alltagsgeschichten redeten, für mich gab es längst keinen Alltag mehr, ich war alleine in meiner ganz eigenen Welt gefangen."

Sabine Linder

In dieser Zeit fühlte ich mich so einsam wie nie zuvor in meinem Leben und erkannte zum ersten Mal den Unterschied zwischen Einsamkeit und Alleinsein. Wenn man allein ist und ein schönes Buch genießt oder einen Spaziergang macht, kann das sehr harmonisch und friedlich sein. Hat man dagegen das Gefühl von Einsamkeit in der Gegenwart vieler Menschen, ist das ganz etwas anderes. Ich habe es teilweise sogar vermieden, auf meine Terrasse rauszugehen, nur damit ich meine Nachbarin nicht treffen musste, ich wollte niemanden sehen. Ganz schlimm war es, wenn Nachbarn eine Party feierten, dann weinte ich noch mehr in meinem Kämmerlein und hasste diese Menschen dafür, dass sie Spaß hatten. Ich war traurig, also sollten auch die anderen nicht fröhlich sein oder wenigstens wollte ich es nicht mitbekommen.

In mir drinnen sah es so dunkel aus, dass ich es keinem Menschen erklären konnte, und ich habe auch niemanden an mich herangelassen. Das war der schwierigste Teil meiner Lektion: Ich lebte in der Annahme, dass die Menschen nichts mehr mit mir zu tun haben wollten, deswegen hatte ich dieses furchtbare Gefühl von Einsamkeit. Doch wenn ich es realistisch betrachte, dann war es genau umgekehrt. *Ich* wollte niemanden an mich heranlassen, weil ich in meiner dunklen, eigenen Welt lebte und mir ständig dachte, was all die Menschen für einen Quatsch reden, denn die wissen ja gar nicht, wie es mir geht und durch was für ein dunkles Tal ich gerade hindurchmuss. All diese oberflächlichen Gespräche über Kleidung, Schmuck und Partys trieben mich fast in den Wahnsinn, weil ich nichts, aber auch gar nichts mehr damit anfangen konnte. Ich hatte einfach andere Sorgen, und es gab für mich nur noch ein Thema: meine Schmerzen, mein Leid und wie ich den Tag überstehen sollte. Ganz oft dachte ich, dass ich sowieso nicht mehr lange leben würde und nun auch noch nicht einmal mehr die mir verbleibende Zeit nutzen könne, weil ich mich so traurig und verlassen fühlte.

„In der Krankheit lernt man viel, wenn man will."

Konrad von Parzham

In dieser Dunkelheit kamen die größten Erkenntnisse. Das wusste ich zu der Zeit allerdings nicht. Wie sollte ich denn auch nur ein bisschen positiv sein, wo ich mich doch so schrecklich hoffnungslos, traurig, einsam und mutlos fühlte? Im Gegenteil: Ich war davon überzeugt, dass es mir nie wieder besser gehen würde und dass mir niemand helfen könne. Darin mag schon die Erkenntnis gesteckt haben, dass ich mir selbst helfen musste.

Es ist nicht leicht, diese schlimmen Stunden durchzustehen, und es geht nicht von heute auf morgen, es braucht Geduld, denn die Bewegungen der Seele sind sehr langsam. Das ist für uns Leistungsmenschen schwer zu begreifen. Geduld ist eines der großen Geschenke, die diese Krankheit im Gepäck hat.

Diese Zeit des Stillstands, wie ich sie nenne, war eine der wichtigsten Phasen in meinem Leben, denn sie trug wertvolle Botschaften in sich, und ich hatte ganz klare Gedanken darüber, was ich will und was nicht. Wenn ein Leid nur von kurzer Dauer ist, dann bleiben diese Botschaften nicht hängen, wir vergessen sie oder werfen sie einfach wieder über Bord. Deswegen bin ich sehr dankbar für diese lange Zeit des Leidens, denn die Botschaften, die ich erhalten habe, sind mir als wichtige Wegweiser geblieben:

- Ich habe ein Leben gelebt, das nicht meins war.
- Die Angst vor Veränderung hat mich verharren lassen in einer unguten Situation.

- Entscheidungen zu treffen war für mich anstrengend, deshalb habe ich alles verschoben.

- Ich habe abgewartet, auf Wunder gewartet und dadurch *re*-agiert statt agiert.

- Ich habe lieber Fragen an das Leben gestellt, anstatt Antworten für meine Probleme zu finden.

- Die Krankheit und das Leid haben mich unbewusst in eine Opferhaltung gebracht, damit ich die Verantwortung für mein eigenes Leben abgeben konnte.

- Meine Gefühle habe ich zu wenig ernst genommen, sie waren zwar immer da, aber ich habe sie als Spinnereien abgetan.

- Selbst-Wert: Ich fühlte mich unbrauchbar und minderwertig. Irgendwie glaubte ich, dass nur die „anderen" Glück verdienten, ich selber aber sei es nicht wert, ein Leben in Liebe und Freude zu leben.

- Ich war abhängig von anderen Menschen, mein Gefühl, dass mich niemand mag, hinderte mich daran, selber aktiv zu werden und Initiativen zu ergreifen.

- Ich wollte das Gefühl von Zugehörigkeit spüren, doch ich habe es bei Menschen gesucht, die andere Wertevorstellungen und Ziele hatten als ich.

Keine Zeit in meinem Leben war schlimmer und hat mich mehr Kraft gekostet als diese Jahre. Und trotzdem muss ich rückblickend sagen, dass es das wert war. Ich musste mich mit mir und meinem Leben beschäftigen, ob ich wollte oder nicht. Zu allem Elend kam noch hinzu, dass ich mich zu dieser Zeit von meinem Partner Michael trennte. Mein ganzes Sicherheitsgerüst zerfiel, so wackelig es vielleicht auch gewesen sein mochte. Und dabei hatte ich geglaubt, ein normales Leben zu führen ... mit Job, Partner, Eigentumswohnung. Mein Job war ein Job, der Geld brachte. Unsere gemeinsame Wohnung war für mich eine Art Anker. Michael und ich hatten uns durch diese lange Krise langsam aber stetig auseinandergelebt, zu verschieden waren unsere Werte und unsere Interessen, so glaubten wir jedenfalls. Mit der Zeit hatten wir weder die Kraft noch die Nerven, um gemeinsam weiterzumachen. Es war eine Trennung aus Verzweiflung, ich war nicht mehr der Mensch, der ich einmal war. Eine Weile habe ich sogar ansatzweise geglaubt, dass er der Grund für das alles wäre. Ich suchte verzweifelt nach Ursachen für meinen Zustand, und es wäre am einfachsten gewesen, eine logische Erklärung für all das zu haben. Es war eine der schwersten und schmerzhaftesten Entscheidungen überhaupt, doch zu diesem Zeitpunkt wussten wir beide keine andere Lösung. Lange Zeit später konnte ich erkennen, dass sich meine Persönlichkeit in dieser Zeit so stark verändert hatte, dass ich auf alles und auf jeden Menschen nur noch negativ reagierte. Alles fühlte sich komisch und seltsam fremd an, ich glaubte, alles in meinem Leben falsch gemacht zu haben. Dabei hatte Michael in dieser Zeit so viel für mich getan. Natürlich war mir das alles andere als bewusst. Wie schwer es für ihn gewesen sein muss, kann ich im Nachhinein sehr gut nachvollziehen, wie soll man denn mit einem Menschen zusammen sein können, der sich selber nicht mehr ausstehen kann? Die Trennung fühlte sich schrecklich und beängstigend an. Was blieb, war ein klein wenig Hoffnung, dass dieser Schritt vielleicht die Lösung für alle Probleme sein könnte. Mit dieser Trennung brach dann auch noch das letzte bisschen fester Boden unter meinen Füßen weg. Nichts in meinem Leben war mehr wie davor.

„Was du liebst, lass frei. Kommt es zurück, gehört es dir – für immer."

Konfuzius

Da stand ich nun, vor einem riesigen Scherbenhaufen, am Rande der Verzweiflung, mein Körper voll Schmerzen und meine Seele dunkel wie die Nacht. Der kleinste Windhauch konnte mich umwerfen, ich war überempfindlich, sensibel und an Lebensfreude war überhaupt nicht mehr zu denken. Perspektiven oder Träume, alles weit entfernt, kein Lebenssinn mehr, kein Motor, kein Grund aufzustehen, um weiterzukämpfen, für wen denn, wofür?

Nach dieser langen, zermürbenden Zeit zwischen Kampf und Hoffnung wollte und konnte ich eines Tages einfach nicht mehr weiterkämpfen. Vollkommen am Ende brach ich auf meiner Terrasse zusammen und konnte nicht mehr aufhören zu weinen. Das war eigentlich nichts Besonderes, denn ich weinte oft und viel in dieser Zeit, am liebsten, wenn ich allein war. Dann brauchte ich mich wenigstens gegenüber meinem Partner nicht schuldig zu fühlen. Natürlich konnte ich nichts dafür, dass ich so schmerzerfüllt und traurig war, aber es genügte ja, dass es *mir* schlecht ging, dann sollte nicht noch eine weitere Person darunter leiden müssen, so dachte ich oft.

Was passiert mit den besten Freunden, wenn man nicht mehr die Person ist, die man einmal war? Und es ist normal, ja sogar wichtig und von großer Bedeutung, dass man nach so einer langen Leidensphase nicht mehr derselbe Mensch ist. Der Umgang mit einer kranken oder depressiven Person ist ja nicht gerade ein Kindergeburtstag. Die anderen verstehen nicht, wie es in einem drinnen wirklich aussieht, und dementsprechend werden alltägliche Gespräche mühsam und schwierig. Ein Mensch in einer Krise will keine Ratschläge und auch keine weisen Sprüche, sondern einfach nur verstanden werden. Wir wünschen uns Mitgefühl, aber kein Mitleid. Keiner hat mehr Mitgefühl oder Verständnis für einen kranken Menschen als jemand, der Ähnliches erlebt hat. Ich glaube, dass alle leidgeprüften Seelen besonders wertvolle Menschen in diesem Sinne sind.

„Warum gibt es nichts, was ausdrücken kann, wie sehr Einsamkeit schmerzt?"

Damaris Wieser

Nach und nach begann ich zu verstehen, dass in dieser schweren Zeit nur noch sehr wenige von meinen Freunden für mich da waren. Also nicht genug damit, dass mir so elend zumute war, nein, jetzt kam auch noch hinzu, dass die alten Freunde nicht mehr da waren. Ich kam mir vor wie das Letzte auf dieser Welt, zu nichts mehr zu gebrauchen, sinn- und nutzlos.

Die wenigen Freunde jedoch, die blieben, waren wertvoller als alles andere. Hinzu kam, dass plötzlich noch ganz andere Menschen für mich da waren, von denen ich es niemals erwartet hätte. Gleich und Gleich gesellt sich eben gern, und mein Hauptthema waren nicht mehr Party, Urlaub und Feierlichkeiten. Einige Versuche, trotzdem die eine oder andere Veranstaltung mitzumachen, scheiterten, weil ich mich so unwohl fühlte und meine innere Anspannung teilweise derart groß war, dass mir manchmal sogar richtig übel wurde.

Im Laufe der Zeit begriff ich, dass viele meiner Freunde nicht das waren, wofür ich sie gehalten hatte. Viele Freundschaften hatte ich aus einem falschen Grund gepflegt, nämlich um dazuzugehören. So waren sie Teil einer Fassade und die Interessen eigentlich schon lange sehr unterschiedlich. Es war eine schreckliche Erfahrung und ich brauchte lange, um all das zu verdauen.

„Früher dachte ich, das Schlimmste, was im Leben passieren könnte, ist am Ende ganz alleine zu sein. Ist es nicht. Das Schlimmste im Leben ist, am Ende mit Menschen zu sein, welche dir das Gefühl von Alleinsein geben."

Robin Williams

Es war dieser unbeschreibliche innere Schmerz der Einsamkeit, dieses Gefühl, dass die ganze Welt mich verlassen hatte. Und dass es scheinbar niemanden mehr gab, der sich für mich interessierte. Warum sollte ich also noch leben? Das Schlimmste war die Erkenntnis, dass nach all meinen bewussten und unbewussten Versuchen, mir einzureden, dass ich ein Mensch bin, der nicht unbedingt andere Menschen braucht, genau das Gegenteil der Fall war. Ich hatte mir immer vorgemacht, stark und unabhängig zu sein. Ich glaubte, sehr gut allein in der Welt klarkommen zu können. Ich konnte viele Dinge sehr gut allein machen, aber das Zusammensein mit mir selbst war damals gar nicht harmonisch und schön, immer mehr konnte ich spüren, wie einsam und verloren ich mich im Innersten meiner Seele fühlte, sozusagen unbrauchbar. Ich hatte nichts Lebenswertes mehr in meinem Leben, also brauchte ich auch niemanden, der so etwas in seinem Leben hatte, ich wollte nichts mehr von der Welt und von den Menschen wissen, denn es konnte mich doch sowieso niemand verstehen. Also was sollte das Ganze, was hatte mein Leben noch für einen Sinn?

Dann kam die Stille. Es war das eingetreten, was vielleicht kurz vor dem Tod steht, nämlich der absolute Stillstand. Irgendwie fühlte es sich an, wie tot zu sein, nichts bewegte sich mehr, weder innerlich noch äußerlich Ich hatte mich vom Leben zurückgezogen und nun war eingetreten, was ich eigentlich gewollt hatte: nämlich nichts und niemanden mehr zu haben, weil ich eben enttäuscht war von den Menschen und von der Welt. Heute glaube ich nicht, dass ich das wirklich wollte, ich konnte wahrscheinlich einfach nicht anders, musste mich selbst vor noch größeren Wunden schützen, denn ich konnte keinen weiteren Schmerz mehr ertragen.

Manchmal kamen mir die Tage vor wie eine Ewigkeit, es fühlte sich an wie eine erdrückende Stille um mich herum. Draußen pulsierte das Leben und bei mir war absolute Stille, kein Anruf, keine freundliche Stimme, die sagte: „Komm doch und rede mit mir." Niemand war für mich da, ich war allein mit mir und mit meinem Elend und ich glaube, das war gut so. Denn manchmal verschlimmerte sich mein Zustand, wenn ich mit Freunden zusammen war und mir anhören musste, was sie über ihr Leben erzählten, und auch noch so tun, als ob ich Anteil nähme. Das ging nicht, denn ich konnte keine Menschen mehr ertragen, die ein erfülltes und glückliches Leben führten. Dann nämlich wurde mir umso mehr bewusst, dass mein Leben nur noch aus Leere bestand.

„... diese Momente, als ich glückliche Menschen nicht mehr ertragen konnte... zu groß war der Schmerz, weil ich selber nicht mehr lachen konnte, das machte mich noch trauriger...“

Sabine Linder

Was soll ein trauriger Mensch mit einem glücklichen reden? Für mich als vermeintlich ärmsten und einsamsten Menschen auf der Welt gab es ohnehin nur noch ein Thema: *meinen* Schmerz und *mein* Leid. Darüber wollte ich reden, denn das war alles, was ich hatte. Mit der Zeit konnte ich mich allerdings selbst nicht mehr hören und die anderen wussten auch nicht mehr, was sie dazu sagen sollten. Im Grunde zog ich mich aus reinem Selbstschutz zurück, denn ich fühlte mich gedemütigt und erniedrigt, wenn ich das Glück der anderen sah. Deshalb ist es so wichtig, Dinge und Menschen zu finden, die passen. Denn es gibt sie!

„Einsamkeit entsteht dann, wenn dich etwas bedrückt und deine besten Freunde es nicht bemerken.“

Ya´qub Yonas Nathem El-Khaled

In dieser Phase durfte ich erkennen, dass ich andere Menschen brauche, denn ich bin sehr mitteilungsbedürftig, und kaum etwas gibt mir mehr Kraft als ein Gespräch mit jemandem, der so ähnlich denkt wie ich. Es gibt auch Statistiken, nach denen Einsamkeit schädlicher ist als Rauchen. An gebrochenem Herzen kann man tatsächlich sterben! Wir sind soziale Wesen und brauchen alle jemanden, der uns versteht und für uns da ist. Wir brauchen Menschen, die auf der gleichen Wellenlänge sind wie wir selbst.

„Wie geht es dir?" Diese Frage konnte ich nicht mehr ertragen. Was sollte ich darauf auch antworten?! Mein Zustand dauerte schon sehr lange und hatte sich auch beim nächsten Treffen mit den Freunden oder Bekannten nicht gebessert. Sollte ich ehrlich sein und sagen, wie hundeelend ich mich fühlte? Oder sollte ich versuchen zu lügen und so tun, als ob es mir gut ging, ganz abgesehen davon, dass das ja gar nicht möglich war, denn man sah mir mein Elend schon von Weitem an ... Langsam, aber sicher wurde es unerträglich, mich ständig zu bemühen, gute Miene zum bösen Spiel zu machen.

Ich glaube, dass es wichtig und gut ist, wenn man sich einfach gehenlassen kann. Es wirkt erholsam und entspannend, und das trotz eines schlechten Allgemeinzustandes, wenn man einfach eine Zeit lang mit sich und dem eigenen Elend lebt, ohne dass wieder irgendwelche dummen Fragen oder weisen Ratschläge alles noch schlimmer machen. Ich kann mich noch sehr gut daran erinnern, wie ich mich gefühlt habe, als ich auf eine Geburtstagsfeier gegangen bin, obwohl ich mich eigentlich alles andere als fit fühlte. Jedes einzelne Gespräch erforderte unglaubliche Energie. Und genau dort merkte ich, dass ich mich in einer neuen Situation befand, denn ich konnte nicht einfach nach Plan vorgehen, sondern musste darauf achten, wie ich mich fühlte und wie es mir ging. Das war mein neuer Maßstab. Das hatte ich vorher nicht gekannt. Das wollte ich mir merken!

Muss man das denn wirklich alles? Darf man nicht auch mal an sich selbst denken? Diese Fragen tauchen leider erst dann auf, wenn es wirklich nicht mehr anders geht. Das ist schade! Doch besser spät als nie! Ich lernte langsam, was mir guttat und was nicht. Plötzlich durfte ich einiges, was ich mir vorher nie erlaubt hätte, und das fühlte sich irgendwie frei und gelöst an. Ich hatte mich von meiner Pflicht zumindest eine Zeit lang selbst entbunden. Und das brachte mich zum Nachdenken: Vielleicht durfte ich ja jederzeit wählen, was ich wollte und was nicht! Vielleicht war es ja mein gutes Recht, für mich selbst da zu sein! Vielleicht durfte ich einfach mal eine Verabredung absagen, weil es mir nicht gut ging!

Wenn etwas nicht geht, dann geht es eben nicht, und Punkt! Bis ich zu dieser Erkenntnis gekommen bin, hat es etwas gedauert, aber inzwischen weiß ich, dass es weder mir noch den anderen Menschen etwas bringt, etwas aus Anstand zu tun, wenn es mich zu viel Kraft kostet. Auch das ist eine wunderschöne Erkenntnis aus dieser Zeit, dass ich es mir wert bin, für mich und meine Bedürfnisse Entscheidungen zu treffen. Es geht eben um mehr als um das schlechte Gewissen, wenn man Ja sagt und Nein denkt. Es geht darum, ob einem etwas guttut oder eben nicht. Das ist manchmal eine schwierige Gratwanderung zwischen Pflichtbewusstsein und eigenen Bedürfnissen. Unserer Gesundheit zuliebe dürfen wir aber öfter in uns hineinspüren und die eine oder andere Entscheidung überdenken. Dieses Recht nehmen sich viele Menschen erst dann heraus, wenn es fast schon zu spät ist, nämlich wenn sie krank sind, nicht mehr können und dann wirklich ohne schlechtes Gewissen eine Einladung ablehnen dürfen.

Aber ist das denn wirklich so schwer? Was hindert uns daran, jederzeit zu sagen: „Nein, jetzt bitte nicht, ich fühle mich nicht danach"? Was ist daran verkehrt? Überhaupt nichts! Viele Absagen enthalten sowieso kleine Lügen, denn es ist nicht immer das Kopfweh oder der Hund oder ein Geburtstag ..., nur meist traut sich keiner, den wahren Grund zu nennen, schade eigentlich. Auf jeden Fall kann ein Nein für andere ein Ja für uns selbst bedeuten.

„Für viele Menschen kommt der Tag, wo sie ein großes Ja oder ein großes Nein sagen müssen."

Konstantinos Petrou Kavafis

Das war eine Zeit der Einkehr, des Rückzugs aus dem aktiven und hektischen Alltag. Und es war alles andere als verlorene Zeit, sondern im Gegenteil eine Art Rückkehr zum eigenen Herzen, fast ein bisschen wie Nach-Hause-Kommen.

Denn vielleicht ist diese Zeit eine der ganz wenigen Chancen im Leben, die eigene Seele zu spüren, für sich selbst einige Antworten und Erkenntnisse zu finden oder auch einen kleinen Lebensrückblick zu machen. Die Außenwelt ist sozusagen für kurze Zeit einfach mal ausgeschaltet, deshalb wird die Innenwelt präsenter und die Antworten unserer Seele werden klarer. Manchmal beginnt man sogar zu beten, auch das ist eine interessante Erfahrung; worum ich den lieben Gott nicht gebeten habe und was ich ihm nicht alles versprochen habe, wenn das alles erst einmal überstanden sein würde ...

Das Schöne an dieser Zeit ist, dass der Verstand Pause hat, weil er nämlich sowieso verwirrt und unbrauchbar ist. Die Seele ist jetzt mal der Chef. Alles darf sein, ohne Bewertung oder gar Verurteilung. Man darf sich auch mal gehenlassen und auch Weinen gehört dazu. Keine einzige meiner vielen, vielen Tränen, die ich in drei Jahren geweint habe, war umsonst. Ich habe mir immer vorgestellt, dass die Tränen auf nahrhaften Boden fallen und daraus die prächtigsten Pflanzen wachsen, das waren meine Tränenbäume, einer schöner als der andere. Im Anschluss an so einen Weinkrampf löste sich manchmal eine innere Spannung, all die stummen Schreie, die ich davor nicht rauslassen konnte, wollten raus aus mir.

Es kann sein, dass sich ein Zusammenhang erst später erschließt. Es lohnt sich, manchmal ein paar Gedanken zu notieren, die auftauchen, denn sie sind flüchtig und können schnell wieder verschwinden.

Diese Zeit der Einsamkeit dauert nicht ewig; das wusste ich natürlich nicht, als ich noch mittendrin war. Ich konnte mir damals nicht vorstellen, dass ich jemals wieder Freude empfinden würde. Doch es wurde wieder anders und heute weiß ich, dass alles dazugehörte. Doch erst einmal hatte ich keinen blassen Schimmer, wie ich aus dieser Endstation Einsamkeit jemals wieder herauskommen sollte. Ich fühlte mich nicht in der Lage, neue Kontakte zu knüpfen oder gar Veranstaltungen zu besuchen. Was also tun gegen dieses beängstigende und beklemmende Gefühl, allein und klein zu sein? Einsamkeit entsteht durch das Gefühl, nicht gut genug zu sein, Einsamkeit entsteht im Herzen.

„Wer ein Warum zum Leben hat, erträgt fast jedes WIE."

Friedrich Nietzsche

Oft war ich voll Tatendrang, voller Ideen und Ziele und hatte viel Kraft, und dann wieder war ich wie gelähmt vor Schmerz. In solchen Zeiten geht es darum, weiterzumachen, aufzustehen, wenn man am Boden ist, immer und immer wieder aufzustehen, wenn man erneut stürzt, und einfach weiterzumachen, trotz alledem oder gerade deshalb. Ich wollte nicht steckenbleiben und wieder alle Ziele aufgeben.

Mein großer Denkfehler bestand lange Zeit darin, auf den perfekten Zeitpunkt für den ersten Schritt zu warten. Aber den gibt es natürlich nicht! Ich hatte mir immer gesagt, dass ich irgendwann schon stark genug sein würde für eine Veränderung, dann nämlich, wenn ich mich rundum gesund und gut fühlen würde, wenn die Finanzen stimmen, wenn, wenn, wenn ... dann hätte ich sicher auch den Mut dazu, so dachte ich. Aber darauf hätte ich natürlich lange warten können!

„Es ist nicht genug zu wissen, man muss auch anwenden; es ist nicht genug zu wollen, man muss es auch tun."

Johann Wolfgang von Goethe

Es geht darum, die ersten kleinen Schritte, je nach Kräften, schon jetzt, schon heute zu machen. Natürlich macht uns das Angst und natürlich können wir unsere Schmerzen nicht einfach vergessen, aber wir können unserem Unterbewusstsein mit einem Augenzwinkern zu verstehen geben, dass wir seine Masche durchschauen. Es verschafft uns nämlich alle möglichen Ausreden, etwas nicht zu tun. Viele Pflanzen treiben, obwohl noch nicht alle alten Blätter abgefallen sind. Oft sorgen erst die neuen dafür, dass die alten verschwinden. Wir können unser Unterbewusstsein austricksen, indem wir etwas trotzdem tun oder zumindest versuchen. Manchmal wehrt sich unser ganzer Körper gegen unsere Heilung und oft sind wir selbst aktiv daran beteiligt, weil in uns die Angst zu groß ist, Verantwortung für das eigene Leben zu übernehmen. Und wenn wir krank werden, dann können wir ja nun mal dieses und jenes nicht tun, selbst wenn wir wollten!

„Das Leben selbst ist es, das dem Menschen Fragen stellt! Er hat nicht zu fragen, er ist vielmehr der vom Leben Befragte, der dem Leben zu antworten – das Leben zu ver-antworten hat."

Viktor Frankl

Wir brauchen nicht auf den perfekten Moment zu warten, um unseren Weg zu gehen, unsere Wünsche wahr werden zu lassen und unsere Träume zu verwirklichen. Wir müssen nur den ersten Schritt tun. Alles andere ergibt sich von selbst – die alten Lasten, Schmerzen, Leiden werden von den neuen Aktivitäten, dem Antrieb, der Energie und der Liebe einfach weggestoßen, so wie bei der Pflanze! Klar, etwas Mut braucht es schon, aber ich habe mir immer gesagt, ich kann es ja wenigstens mal versuchen, wenn es nicht klappt, dann höre ich auf, so einfach ist das! Am schwersten sind nur die ersten Schritte, danach geht's schon leichter!

In Zeiten, in denen man das Gefühl hat, von niemandem verstanden zu werden, und die Einsamkeit am eigenen Dasein nagt wie ein großes Ungeheuer, da taucht ganz automatisch irgendwann die Frage auf, welchen Sinn das Leben überhaupt noch hat. Nur noch Schmerz und Leid, keine Freude mehr, keine Lebendigkeit, kein Lachen, das kann man doch nicht Leben nennen! In solchen Phasen wächst die innere Bereitschaft heran, Dinge zu tun, die man vielleicht schon immer tun wollte. Es ist für mich rückblickend eine sehr interessante

Tatsache, dass gerade in meinen schwersten Stunden diese enorme Fähigkeit in mir gewachsen ist, ohne dass ich es bemerkt habe. Mein Mut ist in der Angst gewachsen, in einer Zeit, in der ich mich mehr tot als lebendig fühlte. In diesen Momenten wurde mir klar, dass ich mein Leben nicht mehr als Leben bezeichnen kann. Mut bedeutet nicht, furchtlos zu sein, Mut bedeutet ganz einfach, sich zu trauen, einen Schritt zu machen, trotz Angst, trotz Unsicherheit und trotz fehlenden Selbstvertrauens.

Manchmal zwischendurch konnte ich ein klein wenig Hoffnung spüren, als in mir die Frage auftauchte: Was wäre, wenn es irgendwann einfach vorbei wäre und wenn alles aus einem guten Grund geschieht? Vielleicht – ja vielleicht hat es noch Sinn, mein Leben, das Leiden? Dabei konnte ich ganz leise wahrnehmen, dass dieses kleine Wort „vielleicht" eine enorme Kraft in mir auslöste. Meine Hoffnungslosigkeit wurde etwas weniger und es tauchte ein kleiner Hoffnungsschimmer auf. Dadurch entstand die Idee in mir, die Fragen einfach umzudrehen und in eine andere Richtung zu lenken, nämlich in Richtung Lösung. Aus der bisherigen Einstellung: „es hat ja alles sowieso keinen Sinn mehr" entstand plötzlich eine neue Sichtweise: „was wäre wenn, ja, was, wenn es doch noch einen Sinn hätte und wenn es doch irgendwann vorbei wäre, dieses Leid ..."

Habe nie Angst, ein Risiko einzugehen, denn das Schlimmste wäre, am Ende deines Lebens sagen zu müssen, vielleicht hätte ich, wenn ich … das ist die Wahrheit und nicht das, was uns alle eingeredet haben: bloß kein Risiko einzugehen. Es ist ein schönes Gefühl, etwas zu wagen, dann spürt man die Lebendigkeit des Lebens wieder, dann kann sich wieder etwas bewegen, dann ist der Stillstand zu Ende, und es geht voran."

„Das größte Risiko auf Erden laufen Menschen, die nie das kleinste Risiko eingehen wollen."

Bertrand Russel

Dieses Zitat hat für mich eine sehr tiefe Bedeutung. Ich sehe in ihm so viel Wahrheit und Tiefe. Wie oft denken wir über etwas nach im Leben, das wir gern täten … Aber warum tun wir es nicht? Weil wir zu bequem sind! Vielleicht fühlen wir uns nicht immer ganz wohl oder sind nicht sehr zufrieden mit unserem Leben, aber immerhin haben wir Sicherheit und die Gewissheit, dass morgen alles wieder genauso wie heute ablaufen wird. Für diese Sicherheit sind wir bereit, einen hohen Preis zu bezahlen. Wir lieben unsere Gewohnheiten, denn wir haben Angst vor neuen Dingen und vor Ungewissheit. Angst ist unser größter Feind, denn sie zwingt uns zur Unbeweglichkeit, und manchmal bringt sie uns sogar zum Erstarren. In Lebenskrisen und Krankheiten jedoch werden wir so oft durchgeschüttelt, dass unser Verstand komplett aus der Bahn geworfen wird und endlich einmal Ruhe gibt. Damit hat die Seele dann die Chance, mit uns zu sprechen, sich Gehör zu verschaffen. Und genau deshalb sind wir weiter als so mancher „glückliche" Mensch. Wir wissen, worum es geht im Leben und sind bereit, aufzustehen und aus der Sicherheitszone herauszutreten, denn wir haben keine Angst mehr.

„Wenn wir lernen, unseren Fokus mehr und mehr auf das zu richten, was wir wollen, anstatt auf das, was wir nicht wollen, verändert sich unser Leben automatisch. So wird aus Krankheit Gesundheit."

Siranus Sven von Staden

Dass immer Rückschläge kamen und meine Sache so lange dauerte, dafür bin ich heute dankbar. Denn wenn dieser Erinnerungsschmerz nicht immer wieder zurückgekehrt wäre, weiß ich nicht, ob ich die gewünschte Veränderung in meinem Leben vorgenommen hätte. Es ist doch wirklich genial, welche kreativen Ideen unsere Seele auspackt, um uns auf den richtigen Weg zu führen! Lange hat es gedauert, bis ich das verstanden habe, aber jetzt kann ich darüber schmunzeln und bedanke mich für die Beharrlichkeit meiner Seelenstimme.

Der Umschwung

„Tue es. Frage dich in jeder schwierigen Situation: „Was würde der stärkste, mutigste, liebevollste Teil meiner Persönlichkeit jetzt tun?" Und dann tue es, tue es richtig, und zwar sofort."

Dan Millmann

Eines Tages erfuhr ich, dass sich meine Arbeitskolleginnen mit Michael hinter meinem Rücken zu einer sogenannten geheimen Sitzung getroffen hatten. Dort hat sich diese verschworene Gruppe den Kopf darüber zerbrochen, was unter den gegebenen Umständen das Beste für mich sei. Eigentlich sollte ich niemals davon erfahren, aber natürlich ist es mir dann doch zu Ohren gekommen. Ich war also nach Meinung meiner Kolleginnen und meines Partners nicht mehr in der Lage, Entscheidungen für mich zu treffen. Obwohl alle Beteiligten einfach nur das Beste für mich wollten, war ich in diesem Moment doch geschockt. Vielleicht war ich aber weniger über das Verhalten meiner Mitmenschen erschrocken als vielmehr von mir selber enttäuscht. In diesem Moment wurde mir plötzlich klar, was inzwischen aus mir geworden war... Längst fühlte ich mich nur noch wie ein Häufchen Elend, das wie versteinert in einer Ecke kauerte und dabei hin und wieder ein paar Tränen voller Selbstmitleid weinte. Ich glaube, dass Michael eines Tages meinen Anblick einfach nicht mehr mitansehen konnte, ohne irgendetwas dagegen zu unternehmen, egal was. Es ist schwer, mit einem tieftraurigen Menschen dazusitzen, ohne sich davon anstecken zu lassen. Sein Gedanke war, mich eine Weile auf die Insel zu bringen, denn niemand kannte mich so gut wie er und er wusste ganz genau, dass in dieser Situation nur diese Insel es schaffen konnte, meine Tränen zu trocknen...

Ich brauchte Zeit, um die Tatsache zu verarbeiten, dass ich durch mein Verhalten meinen Mitmenschen das Gefühl vermittelte, hilflos geworden zu sein und unfähig, meine eigenen Entscheidungen zu treffen: eine Ertrinkende, die darauf wartet, aus dem Sumpf gezogen zu werden. Das wollte ich definitiv nicht sein, zumindest noch nicht! Und wenn diese eigentlich gut gemeinte Geheimsitzung nicht gewesen wäre, hätte ich vielleicht so lange weiter das arme Opfer gespielt, bis ich wirklich zu nichts mehr imstande gewesen wäre. Zwar fühlte ich mich überhaupt nicht fit und gesund, aber nach diesem Vorfall rührte sich etwas in meinem Inneren, das sich unglaublich kraftvoll und stark anfühlte – mein Lebenswille kehrte zurück. Ich fasste den Entschluss, ab sofort wieder selbst zu entscheiden, was gut für mich war und was nicht. Ich konnte ja noch denken, fühlen, Entscheidungen treffen und handeln, und solange ich das alles konnte, wollte ich es auch tun!

Auf keinen der Beteiligten war ich später sauer oder gar wütend, denn sie hatten es wirklich gut gemeint und mir helfen wollen. Eigentlich war ich sogar ein bisschen stolz darauf, Freunde zu haben, die sich um mich sorgten und Lösungen für mich suchten. In einem gemeinsamen Gespräch haben wir die Sache dann bereinigt.

Das mit dem Helfen ist so eine Sache! Kein Schmetterling kommt mithilfe eines anderen zur Welt, die Raupe muss sich selbst aus ihrem Kokon herausarbeiten, so schwer das auch sein mag. Und so gibt es Dinge im Leben, aus denen man mit eigener Kraft wieder herauskommen muss, damit Wachstum und Erkenntnis daraus entstehen können.

„Das Leiden ist, von der einen Seite betrachtet, ein Unglück und, von der anderen betrachtet, eine Schule."

Samuel Smiles

Dieses Erlebnis löste einige Veränderungen in mir aus. Einige Jahre davor wäre ich noch fürchterlich enttäuscht und wütend gewesen, hätte alle diese Freundschaften für immer abgebrochen, und meine Opferhaltung wäre dadurch wahrscheinlich noch extremer geworden, nach dem Motto: „Jetzt leide ich schon wie ein Hund und dann muss mir auch noch das passieren! Wie schrecklich ist doch die Welt, und ich bin das arme Opfer!" In Selbstmitleid zu versinken und mich als Opfer zu fühlen, immer wieder dieselben traurigen Geschichten erzählen, das konnte mich nicht in die Eigenverantwortung bringen, das habe ich im Nachhinein erkannt.

Ver-antwort-ung! Vielleicht sollten wir uns in schwierigen Zeiten nicht so viele Fragen stellen, sondern nach Antworten suchen: Was hat mich hierher, an diesen Punkt gebracht? Was kann ich jetzt tun, um mein Leben wieder selbst in die Hand zu nehmen? Wenn ich ganz ehrlich bin, dann habe *ich* doch meinen Mitmenschen das Gefühl vermittelt, nicht mehr entscheidungsfähig zu sein. Ohne mir gleichzeitig selbst die Schuld an meinem hilflos wirkenden Verhalten zu geben, musste ich in diesem Moment doch erkennen, dass ich sehr wohl meinen Teil zu dieser Aktion beigetragen hatte. Wenn scheinbar ungerechte Dinge im Leben geschehen, ist man oft geneigt, sich als Opfer zu fühlen. Doch wenn man die Sache erst genauer beleuchtet, erkennt man häufig, dass Menschen nur auf das reagieren, was wir aussenden.

Von diesem Tag an begann ich wieder die Verantwortung für mich zu übernehmen. Mein Jammern wurde weniger, langsam hörte ich damit auf, anderen mein Leid zu klagen. Ich fing wieder an, Entscheidungen für meine Zukunft zu treffen, wenn auch manchmal mit einem Gedanken wie: „Und wenn es das Letzte ist, was ich tue, aber ich werde es tun, *ich* selbst, weil ich es will und kann!"

„Die beiden wichtigsten Tage deines Lebens sind der Tag, an dem du geboren wurdest, und der Tag, an dem du herausfindest, warum."

Mark Twain

Zu einem Zeitpunkt, an dem ich an gar nichts mehr geglaubt und schon gar nichts mehr gehofft habe, regte sich ein so deutliches Zeichen in mir, dass ich es gar nicht übersehen *konnte*. Immer wieder hatte ich mich gefragt, was mir denn wohl Liebe und Kraft schenken könnte. Eine dieser Kraftquellen kannte ich schon sehr lange, es war meine Lieblingsinsel Santorin in Griechenland, auf der ich im Laufe meines Lebens immer wieder Energie getankt hatte. Hinzu kam meine große Liebe zu den Tieren, die eigentlich schon immer dagewesen, mir jedoch erst in meiner schweren Zeit so richtig bewusst geworden war.

Meine Katze war mir in dieser Zeit eine riesengroße Hilfe gewesen, einfach nur, indem sie da war. Sie fragte nichts, sie sah mich nicht besorgt an, hatte auch keine besonderen Erwartungen an mich, außer, dass ich sie fütterte. Ich musste mich nicht verstellen, mich nicht bemühen, so zu tun, als ob es mir gut gehe, sondern konnte einfach so sein, wie ich war. Welch unglaublich heilende Wirkung Tiere auf Menschen haben können, die sich für sie öffnen, ist längst kein Geheimnis mehr. Ich war mir dessen vorher nicht bewusst gewesen, konnte es aber besonders in dieser Zeit spüren.

Dann fiel mir ein, dass ich auf Santorin schon Jahre zuvor einmal ein Tierheim gesucht, aber nicht gefunden hatte. Also setzte ich mich an den Computer und googelte. Und da war es! Ich sah Fotos von Hunden am Strand, da waren Menschen, die sich für die Hunde einsetzten, es waren wunderschöne Bilder!

Welche Bedeutung diese Fotos für mich hatten, war mir zu diesem Zeitpunkt noch nicht klar. Aber allein der Anblick war Balsam für meine Seele und ich spürte Liebe und Lebensfreude, Mitgefühl und Geborgenheit – alles, wonach ich mich so gesehnt hatte! Wer auch immer diese Fotos gemacht hatte, das mussten Menschen voller Liebe und Wärme sein, da war ich mir sicher.

„Dieser Moment, als ich am eigenen Leib spüren konnte, dass bedingungslose Liebe der Schlüssel zur Heilung ist, war wie ein Befreiungsschlag."

Sabine Linder

Täglich fand ich mehr Bilder und Informationen und mein Wunsch, dort hinzugehen und diese Menschen kennenlernen, wurde immer stärker. Ich wollte sie in ihrem Einsatz für die Tiere unterstützen, dort, an diesem besonderen Ort, an meinem ganz persönlichen Kraftort. Ich war so tief überzeugt von diesem Gedanken und von dieser Idee, dass ich wie elektrisiert war. Zwar regte sich im Hinterkopf schon wieder das Gefühl von Angst und Unsicherheit. Aber in meinem Herzen konnte ich eine so tiefe Gewissheit spüren, dass ich so bald wie möglich dort hinwollte. Die bedingungslose Liebe der Tiere, das war es, was ich jetzt brauchte! Der ganze innere Druck fiel von mir ab bei dem wunderschönen Gedanken, dass die Tiere mich auch ohne Worte verstehen würden.

Vielleicht konnte ich unbewusst wahrnehmen, wie ähnlich wir uns doch waren. Es war schon jetzt eine tiefe Verbundenheit zwischen mir und den Tieren vorhanden. Sie, die wehrlosen Geschöpfe, die einfach weggeschmissen und nicht mehr gebraucht wurden. Genauso fühlte ich mich, unbrauchbar und nutzlos. In den Augen dieser Hunde konnte ich so viel Liebe und Hoffnung erkennen. Da war es wieder, dieses Gefühl von bedingungsloser Liebe, das war er, der Schlüssel zur Heilung, das konnte ich tief und fest spüren. Es war wie eine innere Stimme, die mir zurief: „Ja genau, Sabine, hier bist du richtig, das ist die Lösung für uns alle, wir brauchen dich und du brauchst uns, wir warten auf dich, wir können uns gegenseitig Kraft und Hoffnung schenken, lass uns zusammen ans Meer spazieren gehen, ja wir freuen uns auf dich, los, pack deine Sachen und komm zu uns, wir warten auf dich!"

Ich hatte etwas sehr Wertvolles entdeckt und war einfach nur unglaublich dankbar für dieses wunderschöne Zeichen von Licht und Hoffnung nach dieser langen Zeit der Hoffnungslosigkeit.

„Wahrscheinlich hilft nichts einem Menschen mehr, Schwierigkeiten zu überwinden oder zu ertragen, als das Bewußtsein, eine Aufgabe im Leben zu haben."

Viktor Frankl

Das war der Moment der großen Veränderung in meinem Leben. Beim Anblick dieser Bilder habe ich gespürt, das ist der Sinn meines Lebens, das ist mein Weg, das ist mein Licht und das ist es, was mir Kraft gibt, weiterzumachen, aufzustehen und weiterzukämpfen. Mein innerer Lebensmotor war wieder angelaufen. Es ging mir zwar lange noch nicht wesentlich besser, aber seit diesem Tag konnte ich dieses Licht in mir spüren, ich konnte spüren, dass da etwas auf mich wartete! Ich hatte wieder Hoffnung, und ich hatte einen Plan. Das sind zwei ganz wesentliche Dinge in unserem Leben.

Dann begann ich langsam, und zwar wirklich ganz langsam daran zu glauben, dass alles zusammengehörte, was mit mir passiert war. Es gab einen guten Grund, warum mein Körper zu schmerzen begonnen hatte: In meiner Seele waren Leere und Dunkelheit, und die Schmerzen waren Botschaften an mich, den Hunger meiner Seele zu stillen mit Liebe und Sinn. Es war ein langer Weg, bis ich diese Botschaft endlich annehmen konnte. Meine Seele hatte Hunger nach Liebe, Bilder voller Liebe zogen mich an wie ein Magnet. In jedem von uns verbirgt sich diese tiefe Sehnsucht nach Liebe und danach, irgendwo dazuzugehören. Das Gefühl von Abhängigkeit ist nur solange vorhanden, bis wir unseren Platz im Leben und unsere Aufgabe gefunden haben.

„Wie oft sind es erst die Ruinen, die den Blick freigegeben auf den Himmel."

Viktor Frankl

Aus meiner eigenen Erfahrung habe ich gelernt, dass wir die Angewohnheit haben, lieber über etwas zu reden, als etwas zu tun. Trotz meines breit gefächerten Wissens über mentale Arbeit und die meist selbstproduzierten Hürden und Blockaden habe ich es lange nicht geschafft, wirklich den ersten Schritt ins Ungewisse zu tun. Eine positive innere Haltung, die Bereitschaft, ein Risiko einzugehen, dem Ruf des eigenen Herzens zu folgen, dies und Ähnliches habe ich wieder und wieder mit meinen Klienten im Mentalcoaching besprochen und geübt. Und ich selbst? Ich war zwar eine Meisterin der weisen Zitate und zu vielen Problemen hatte ich einen guten Lösungsansatz, doch als es dann um mich selbst ging, sah die Sache ganz anders aus. Mein schlechtes Gewissen klopfte ständig an meine Herzenstüre, ich fühlte mich mir und meinem Leben gegenüber schuldig wegen meiner eigenen Untätigkeit, denn ich konnte längst spüren, dass ich etwas tun musste für die entscheidende Wende in meinem Leben.

„Der Verstand kann uns sagen, was wir unterlassen sollen. Aber das Herz kann uns sagen, was wir tun müssen."

Joseph Joubert, französischer Schriftsteller

Also worauf warten? Auf den perfekten Moment, auf einen Sechser im Lotto? Nein, nicht warten, tun! Es lohnt sich, und wir gewinnen in jedem Fall. Wenn auch kein Geld, so doch Erfahrung, Mut und Selbstbewusstsein!

Aus einem Wunsch wird ein Ziel, wenn es einen Termin hat. Jetzt nahm ich mir also vor, den ersten Schritt zu tun. Was könnte so ein erster Schritt sein? Eine Kontaktaufnahme, egal ob per E-Mail oder Telefon. Als depressiver Mensch hat man ja oft Probleme, Dinge auch wirklich zu tun. Deswegen ist es sinnvoll, sich einen Termin für diesen ersten Schritt zu setzen. Ein Ziel fühlt sich ganz anders an, wenn man die einzelnen Schritte dazu notiert, mit Datum! Das funktioniert wirklich!

„Neue Wege entstehen, indem wir sie gehen."

Friedrich Nietzsche

Als ich an die Chefin der Organisation von SAWA – Santorini Animal Welfare Association – eine E-Mail schickte mit der Anfrage, ob sie freiwillige Helfer brauchen könnten, kam eine so schnelle und wertschätzende Antwort von ihr zurück, dass ich sofort spüren konnte, welch wunderbarer Mensch sie sein muss. Ich nahm es als Zeichen dafür, dass ich mich in die richtige Richtung bewegte, und war so voller Euphorie und Freude, dass ich natürlich allen möglichen Freunden von diesem Moment der Erleuchtung erzählte. Doch kaum jemand konnte meine Begeisterung verstehen, sondern ich erntete nur wieder, wie schon so oft davor, komische Blicke und Unverständnis. Manchmal hatte ich sogar das Gefühl, dass sie mich für verrückt hielten. Doch das war mir völlig egal! Auch eine wichtige Lehre für mich: Die Meinung der anderen zählt nicht, wenn man von der eigenen Wahrheit überzeugt ist. Ich wusste, dass dies für mich ein sehr großer und entscheidender Moment war, der Beginn einer Reise, und ich konnte spüren, dass diese Erfahrung mein Licht am Ende des Tunnels war. Niemand hätte mir das ausreden können, dafür waren meine innere Überzeugung und der Energieschub viel zu gewaltig!

„Sie lachen über mich, weil ich anders bin. Ich lache über sie, weil sie alle gleich sind."

Kurt Cobain

Von diesem Tag an wurde meine Depression weniger und weniger. Es ging nicht schnell, nicht blitzartig, aber es wurde fühlbar weniger. Dies war definitiv der Wendepunkt: Ich hatte eine Perspektive in meinem Leben, ich hatte etwas entdeckt, das ich liebte, und – was noch viel wichtiger war –, ich konnte für diese Sache nützlich sein. Von einer Minute auf die andere hatte sich meine ganze Welt verändert! Der Gedanke, dass mein Leben vielleicht doch noch einen Sinn hatte, machte mich gefühlsmäßig ungefähr zwanzig Kilo leichter, eine unglaublich schwere Last fiel von mir ab.

„Doch ich staune noch heute darüber, wie sehr eine einfache Entscheidung, die aus dem Herzen kommt, unser Leben verändern kann."

Sergio Bambaren, aus dem Buch: Die Botschaft des Meeres

Das ist ein sehr weiser Satz. Mir war klar geworden, dass viele meiner Probleme mit meinen eigenen Entscheidungen zu tun hatten. Ich wusste, wenn ich jetzt an diesem Tiefpunkt meines Lebens, der immerhin schon zwei Jahre dauerte, nichts unternehmen würde, nicht in irgendeiner Form aktiv werden, dann würde dieses Opferdasein und dieses Versinken in Selbstmitleid niemals enden. Es geht sehr schnell bergab, wenn man sich erst einmal auf der Talfahrt befindet, zunehmend schneller, je tiefer man gelangt.

Eines Tages spürte ich genügend Kraft und Mut in mir, um vielleicht eine meiner wichtigsten Entscheidungen für meine Heilung zu treffen. Ich hatte mich dazu entschieden, eine zweimonatige Auszeit von meiner Arbeit zu nehmen, um nach Santorin zu gehen und dort im Tierheim zu helfen. Mein Gefühlskarussell drehte sich in einer Mischung aus Sieg, Euphorie und fürchterlicher Angst vor diesem großen Schritt. Aber es fühlte sich unglaublich gut an!

Ich wollte meinen Plan möglichst rasch in die Tat umsetzen und das Gespräch mit meiner Vorgesetzten hinter mich bringen. Nach einigen Abklärungen war sie einverstanden, da das

Unternehmen mich als langjährige Mitarbeiterin sehr schätzte.

Trotz meines Hochgefühls hatte ich weiterhin große Angst und auch viele Zweifel. Wie würde ich, die Depressive, die fast nur noch aus Schmerzen bestand und sich irgendwie durch den Tag quälte, das alles schaffen, all diese Extremsituationen, die auf mich zukommen würden, und dann keine Sicherheitszone, kein Partner, der mich fürsorglich behandelte!?

„Was für eine Freude!", sagte mein Herz. „Das wird zu viel für dich!", bedrängte mich unentwegt die Angst. Doch zum Glück war ich in einer Verfassung, wo die Angst plötzlich nicht mehr so laut war, sie hatte keine Chance mehr gegen die Entscheidung meines Herzens, und das war ein unglaublich befreiendes und erlösendes Gefühl. Mein Herz hatte gegen die Angst gewonnen!

„Die Seele ernährt sich von dem, worüber sie sich freut."

Augustinus

Dann bin ich also geflogen. In der ersten Woche war meine Freundin Carmen dabei, worüber ich sehr froh war. Es war eine sehr große Sache für mich. Abgesehen davon, dass ich schreckliche Flugangst habe und sowieso unsicher in jeder Hinsicht war, war ich sehr dankbar, dass ich in der Anfangszeit Gesellschaft hatte. Wir kamen an und gönnten uns zuerst einmal einige erholsame Strandtage. Ich kam überraschend schnell zu mir und konnte bereits nach den ersten paar Urlaubstagen spüren, dass es mir ... na, sagen wir mal ... nicht mehr ganz so schlecht ging.

Meine Aufregung war riesengroß, als mein erster Besuch im Tierheim vor mir stand. Da das Heim nicht gerade zentral liegt, musste ich mir ein Moped leihen. Nach der Beschreibung von Christina, der Leiterin, mit der ich ja vorab Mails ausgetauscht hatte, konnte ich das Tierheim aber zunächst nicht finden. Da ich mich nicht traute, allein in der Pampa rumzufahren, drehte ich nach einigen Versuchen wieder um. Außerdem war ja auch mein Zustand in keiner Weise robust oder nur stabil. Die vielen Angstfantasien, etwa, dass ich mich verirren oder mit dem Moped im Sand nicht mehr weiterkommen könnte und dann vielleicht verdursten müsste, verhinderten erst einmal meine Weitersuche. Mein erster Versuch war also gescheitert, kein wirklich gutes Gefühl zum Beginn meiner Reise. Frustriert und traurig fuhr ich zurück und erzählte alles meiner Freundin. Sie erklärte sich bereit, am nächsten Tag mit mir gemeinsam auf die Suche zu gehen, und sofort war ich wieder neu motiviert!

Am nächsten Tag mieteten wir gleich ein Auto und suchten das Tierheim nun zu zweit. Wir fragten bei einer kleinen Bäckerei einen freundlichen jungen Mann nach dem Weg. Und siehe da, er kannte das Tierheim und auch den Weg dorthin. Im Gespräch stellte sich heraus, dass Marko, so war sein

Name, selbst glücklicher Besitzer eines Hundes aus dem Tierheim war. Natürlich wusste ich zu diesem Zeitpunkt noch nicht, dass ich noch viele Tage und viele Stunden bei Marko in der kleinen Bäckerei, eigentlich einem Café, verbringen würde und dass er einer meiner ganz guten Freunde werden würde.

All meine zuvor gehegten Zweifel und all die Ängste waren plötzlich wie weggeblasen. So etwas wie eine positive Erwartungshaltung hatte ich sowieso schon lange nicht mehr gehabt, aber diese Entscheidung war für mich mit großer Wahrscheinlichkeit der Schlüssel für meine Heilung. Ich stand in diesem Tierheim, von dem ich alle möglichen Vorstellungen gehabt hatte, und mir wurde plötzlich bewusst, dass ein riesengroßer Traum in Erfüllung ging.

Ich hatte es geschafft! Ja, ich war angekommen. Das war der Ort, wo ich hingehörte, hier waren die Menschen, die diese bedingungslose Liebe lebten, nach der ich so lange gesucht hatte. Hier waren Tiere, die mir Lebensfreude und Energie vermittelten. Natürlich war das nicht nur ein Ort der Freude, immerhin war es ein Tierheim mit vielen seelisch verwundeten Tieren, aber die Magie dieses Ortes überstrahlte in diesem Moment alles Leid, das es hier auch gab. Ich konnte Hoffnung und Liebe spüren. Es war eine andere Welt, von der ich nicht geglaubt hatte, dass es sie geben könnte. Fast schon ehrfürchtig näherte ich mich einem Zwinger, meine Freundin an meiner Seite. Dann hörte ich eine Stimme, die meinen Namen rief. „Christina", sagte ich leise und zaghaft, denn das war alles

Neuland für mich, neue Menschen, neue Herausforderungen, und das in meinem Zustand!

„Du kannst nicht wählen, wie du stirbst oder wann. Aber du kannst bestimmen wie du lebst. Jetzt!"

Joan Beaz, amerik. Sängerin

Christina freute sich riesig über mein Kommen und zeigte uns alles: das Gelände, die Tiere, die verschiedenen Gehege, die alten und schwachen Esel, die ihren Lebensabend hier verbrachten. Ich konnte gewiss nur die Hälfte von dem aufnehmen, was aus dieser fröhlichen Person alles heraussprudelte, so überwältigt war ich von all den Eindrücken. Was für eine Frau! Sie war mittelgroß, hatte dunkle Haare und eine schmale Statur und war doch so voller Kraft und Energie, dass es für fünf gereicht hätte! Ich dachte bei dieser ersten Begegnung: „Diese Frau, sie tut das einfach, sie ist ein Engel! Wer sonst könnte unter nicht gerade einfachen Bedingungen etwa neunzig Hunde beherbergen, wo es heiß und staubig ist, wo Wasser Mangelware ist und wo kein normaler Tourist jemals hinfinden würde." – Ja, da sind etwa neunzig Hunde, denen sie ein Zuhause auf Zeit schenkt, die täglich versorgt werden müssen, etwa zwanzig Esel, die auf ihr Futter warten, und fast täglich kommen neue Hunde dazu, teils Streuner und teils Hunde von den Inselbewohnern, die sie nicht mehr wollen. – Und ich fragte mich, wie sie das macht und warum, was sie davor gemacht hat, und wie man überhaupt so etwas machen kann, ohne dabei zugrunde zu gehen. „Wie kann man so viel Energie und Humor haben, wenn man täglich so viel Elend sieht? Wie geht das? Was ist das für ein Mensch?" Diese Fragen trieben mich um.

„Dauernde Freundschaft kann nur zwischen Menschen von gleichem Wert bestehen."

Marie von Ebner-Eschenbach

Und dann waren da auch noch Nancy und Rob, genau solche Engel wie Christina. Diese beiden Menschen waren und sind so wertvoll für mich! Ich kann heute mit großem Stolz und tiefer Dankbarkeit sagen, dass ich diese beiden Menschen zu meinen ganz engen Seelenfreunden zählen darf. Ich kenne kaum jemanden, von dem ich so beeindruckt war wie von diesen beiden. Ich konnte es nicht fassen, dass sie schon fast ein halbes Jahr sehr einfach auf der Insel lebten, um im Tierheim zu helfen. Sie gingen täglich mit den Hunden spazieren, säuberten dabei den Strand und machten diese faszinierenden Fotos von den Hunden, damit deren Adoptionschancen stiegen. Sie lebten genau so, wie ich es mir immer gewünscht hatte. Sie waren für mich eine sehr wichtige Brücke auf meinem Weg zur Veränderung.

„Wenn du dich hingibst, empfängst du mehr, als du gibst. Denn du warst nichts und nun wirst du jemand."

Antoine de Saint-Exupéry, aus: Die Stadt in der Wüste

Ich ging nun mit den beiden fast täglich an den Strand, die Hunde ausführen. Wir hatten lange Gespräche, und es entwickelte sich eine wunderbare Freundschaft zwischen uns. Diese beiden Menschen waren so spirituell und selbstlos, wie ich es noch nicht erlebt hatte. Ich konnte von ihnen so viel an Weisheit und bedingungsloser Liebe erfahren. Diese beiden und auch die anderen im Heim arbeiteten mit viel körperlichem und psychischen Einsatz für das Wohl der Tiere und nicht für sich selbst! Und das war genau der Punkt, mit dem ich bei meinen Mitmenschen zu Hause immer wieder auf Unverständnis gestoßen war: Meine Freunde konnten nicht verstehen, dass ich mich für die Schwachen in der Welt einsetzen wollte, sie konnten nicht verstehen, dass ich lieber anderen eine Freude machte als mir selbst, weil mir das mehr gab. Und diese Menschen hier machten das genauso!

„Werte kann man nicht lehren, sondern nur vorleben."

Viktor Frankl

Endlich konnte ich einen inneren Frieden in mir wahrnehmen. In meinem bisherigen Umfeld war ich eine Exotin gewesen, aber hier waren alle so wie ich! Am liebsten hätte ich diese so wertvolle Entdeckung laut in die Welt hinausgeschrien, so glücklich war ich darüber, diese Menschen gefunden zu haben. Denn bis zu diesem Zeitpunkt hatte ich mit meinem geringen Selbstwertgefühl tatsächlich geglaubt, ich wäre der einzige Mensch, der so denkt und fühlt, und würde für alle Ewigkeit mit diesem Gefühl der Andersartigkeit leben müssen. Diese großartige Erkenntnis, dass es noch mehr solche Menschen gibt wie mich, beflügelte meine Ziele und Träume. Das Gefühl von Zugehörigkeit war unglaublich wohltuend. Ich fühlte mich hier an diesem Ort unter diesen Menschen gleichwertig. Hier war ich nicht anders, sondern ein Teil dieser SAWA-Familie, wie wir uns liebevoll nannten. Ich hatte hier etwas gefunden, nach dem ich wahrscheinlich mein Leben lang gesucht hatte: gleichgesinnte Menschen mit Visionen und Träumen und vor allem mit einem großen Herz. Ich glaube, ich war noch niemals in meinem Leben so stolz wie auf diese Herzensentscheidung.

So viele Dinge sind mir plötzlich klar geworden, auch, warum mich mein bisheriges Leben unglücklich gemacht hatte: Es war nicht *mein* Leben, sondern ein Leben, wie man es von Menschen in unserer Gesellschaft erwartet: arbeiten gehen, eine Wohnung kaufen und sparen, Freunde treffen, einkaufen und Schluss. Aber das hatte ich doch nie gewollt! Aussehen und Materielles waren mir nie wirklich wichtig gewesen. Immer schon hatte ich nach der Tiefe in Gesprächen mit Menschen gesucht, immer war ich kreativ und auch verrückt gewesen, immer schon hatten unglückliche Menschen und auch unglückliche Tiere für mich eine besondere Bedeutung gehabt. Ich wollte etwas tun, was ich aus ganzem Herzen liebe, etwas, das meine Seele berührt und einen tiefen Sinn für mein Herz hat. Das Leben, in dem ich so lange gefangen war, war nicht meines. Es war dieser tiefe Wunsch meiner Seele, für etwas da zu sein in dieser Welt, das nach mir ruft, etwas, für das ich geboren bin und wofür mein Herz brennt.

„Liebe ist nicht das, was man erwartet zu bekommen, sondern das, was man bereit ist zu geben.“

Katharine Hepburn

„Ist das nun eine Traumwelt?“, dachte ich so manches Mal. „Das kann es doch nicht geben!“ Es wirkte nach all meinen Erfahrungen so unwirklich auf mich. Und dann wieder durfte ich erkennen, dass dies genau die richtige Welt ist. Diese Welt gibt es, trotz Krieg, Unrecht und Hass, diese Welt, in der Menschen mit Hingabe für eine Sache arbeiten und wirken, sich selbst dabei vergessen oder sich scheinbar darin verlieren und sich trotzdem oder gerade deshalb finden und voller Liebe sind. Ganz sicher sind einige dieser Engel Menschen wie du und ich, Menschen, die viel Leid in ihrem Leben erfahren mussten.

„Stärke wächst nicht aus körperlicher Kraft – vielmehr aus unbeugsamem Willen."

Mahatma Gandhi

Diese Zeit, die ich dort erleben durfte, war im Nachhinein betrachtet eine der wertvollsten in meinem Leben. Es fühlte sich für mich an wie ganz großes Kino. Ich hatte sogar teilweise das Gefühl, das wäre meine Familie. Ich durfte so vieles über mich und das Leben erfahren, einfach indem ich den Mut gehabt hatte, dorthin zu gehen und es einfach zu tun, es zu riskieren, an diesen Ort zu scheinbar fremden Menschen zu gehen und dort einfach das zu tun, was mein Herz mir sagte. Christina schaffte es mit ihrer aufopfernden und hingebungsvollen Art, dass meistens etwa hundert Hunde dort friedlich miteinander in Gruppen leben konnten, der Großteil zudem noch glücklich. Und das alles ohne großartige medizinische Hilfe oder sonstige Unterstützung. Die Tatsache, dass ein einziger Mensch so viel bewegen kann, allein aus Liebe und Hingabe zu diesen hilflosen Geschöpfen, ließ mich demütig und dankbar werden.

Wir verstanden uns untereinander, als würden wir uns schon ewig kennen. Wir hatten alle dieselbe Einstellung, denselben Humor, dieselbe Art von Liebe und Hingabe für unsere Sache, und wir schauten alle in eine Richtung. In dieser Zeit wurde mir bewusst, was die Qualität einer tiefen Freundschaft ausmacht. Es sind die Ähnlichkeiten der Interessen und der

Werte im Leben. Kein Buch der Welt, kein Therapeut und auch nicht der weiseste Mensch hätten mir das geben können, was ich an diesem Ort mit diesen Menschen erfahren durfte.

Automatisch hatte sich auch meine Rolle verändert, ich war nicht mehr das Opfer, auf das alle herabschauten, ich war gleichwertig, weil die anderen nichts von mir wussten, und es gab etwas zu tun, das wichtiger war als mein eigenes kleines Drama. Niemals hätte ich für möglich gehalten, was sich dort in kürzester Zeit bei mir alles veränderte. Nach leichten Anfangsschwierigkeiten hatte ich ganz einfach keine Zeit, mir über mich selbst Sorgen zu machen oder auch nur Gedanken. Es gab einfach andere Prioritäten! Diese Tiere brauchten meine Unterstützung. Sie freuten sich jeden Tag, wenn ich sie besuchen kam, es war ihnen egal, ob ich unsicher, depressiv oder vielleicht nicht ganz normal war. Sie waren froh, dass ich da war. Und genau dasselbe passierte mir mit den Menschen, die dort arbeiteten und lebten. Für sie war ich ein normaler Mensch, wir hatten dieselben Themen und Ziele, und sie behandelten mich nicht wie die arme Person, die doch so depressiv war.

Tag für Tag durfte ich helfen, durfte ich lernen, was für großartige Menschen es doch gibt auf dieser Welt. Tag für Tag durfte ich erfahren, dass die Besitzer dieser wundersamen helfenden Hände selber gar nicht immer auf der Glückswelle des Lebens geritten waren, nein, das Gegenteil war der Fall. Immer mehr Lichtlein begannen in mir zu leuchten, bis ich dann, so kann ich heute sagen, meine sogenannte Vision oder Erleuchtung gefunden hatte, und zwar durch das Helfen.

Nach dem ersten eindrucksvollen Treffen im Tierheim folgten Tage mit Höhen und Tiefen. Aber kein einziges Mal bereute ich, was ich tat. Ich hatte mir für die ganze Zeit ein Moped gemietet, denn ich musste mobil sein. Tag für Tag war es eine Herausforderung für mich, in diesen Zwinger zu gehen, das Leid der Tiere zu sehen und dann wieder die Freude und die Hoffnung, wenn wieder ein paar von den Hunden vermittelt und ausgeflogen werden konnten.

Und siehe da, meine Schmerzen nahmen allmählich ab. Ich hatte etwas gefunden, das größer und wichtiger war als ich selbst, etwas, das ich liebte, und begonnen, mich dafür einzusetzen. Meine Schmerzen wurden einfach unwichtig, ich beobachtete meinen körperlichen Zustand nicht mehr. Es wurde mir von Tag zu Tag unwichtiger, darauf zu achten, wie es um mich stand. Meine Hingabe an die Aufgabe war so groß, dass ich und meine Probleme unwichtig wurden. Natürlich kam mir auch die Idee, dass ich mich einfach nur ablenkte, dass mir mein eigenes Leid im Vergleich zu dem Leid, das ich sah und täglich miterlebte, klein und unbedeutend vorkam. Inzwischen weiß ich, dass alles, was Sinn macht für uns, uns auch heilen kann. Was ich dort auf Santorin erlebte, war mehr als Ablenkung, ich hatte meine Berufung gefunden!

„Was der Mensch wirklich will, ist letzten Endes nicht das Glücklichsein, sondern einen Grund zum Glücklichsein."

Viktor Frankl

Mit der Zeit stellte sich ein regelmäßiger Rhythmus ein. Vormittags war die Arbeit im Shelter angesagt, danach der so bereichernde Spaziergang mit Rob und Nancy und den Hunden. Am Nachmittag ging ich dann immer sehr zufrieden und gern an den Strand. Da ich in einem klassischen Touristenort lebte, waren diese Nachmittag eine ganz andere Welt, die sich massiv von der Welt unterschied, in der ich am Morgen war. Das war die Welt der Touristen, da ging es um Urlaub und Luxus. Ich hatte genug Gelegenheit, die vielen unterschiedlichen Menschen am Strand zu beobachten, und entdeckte etwas ganz Interessantes: Bei sehr vielen konnte ich diese innere Leere erkennen, die ich sehr gut kannte und die auch ich versucht hatte, mit allem Möglichen auszufüllen, das Loch zu stopfen, ob mit Einkaufen, mit Freizeitaktivitäten oder viel Essen. Doch kein Urlaub, kein Essen, kein Einkaufsanfall oder Ähnliches kann diese innere Leere füllen. Dieser Hunger nach Sinn und Liebe kann nur von den Dingen gestillt werden, nach denen sich die Seele sehnt. Früher liebte ich es, einkaufen zu gehen, shoppen, bis die Geldtasche leer war, das vermittelte mir ein gutes Gefühl. Jetzt aber hatte ich nicht mehr das Bedürfnis, einkaufen zu gehen, denn ich spürte, alles in mir zu haben, ich hatte ein Gefühl von innerem Reichtum und Fülle, und all das ohne Luxushotel, ohne teures Essen, ohne irgend- welche schönen Dinge, die ich mir geleistet hatte. Ich konnte ganz tief in mir spüren, dass der Hunger meiner Seele lang- sam, aber sicher gestillt wurde. Mein Verlangen nach Materi- ellem und sonstigen Belohnungen von außen war wie wegge- blasen. Es muss doch was dran sein an dem Spruch „Sucht kommt von Sehnsucht". Das Ego will immer etwas haben – Gesundheit, Geld, Macht usw. –, die Seele will etwas geben – Liebe, Talente, Mitgefühl. So einfach ist das!

„Was diese Kraft ist, kann ich nicht genau sagen; auf jeden Fall weiß ich, dass sie existiert und dass sie einem Menschen verfügbar wird, wenn er genau weiß, was er will und entschlos- sen ist, nicht aufzugeben, bis er es erreicht hat."

Alexander Graham Bell

Was für eine Menge Geld und Zeit ich für Therapien und alles, was irgendwie Heilung bringen könnte, aufgewendet hatte! Jede einzelne dieser Erfahrungen hat ja vielleicht sogar ihren Teil dazu beigetragen, dass ich heute wieder mitten im Leben stehe. Aber nichts und niemand hat geschafft, was die Menschen und die Tiere von dieser Insel mir gegeben haben. Wohlgemerkt, da war niemand, der sich speziell um mich oder um mein Leiden gekümmert hätte, ich war dort allein, und vielleicht benötigte ich ja auch gerade das für meine Heilung: nicht das Gefühl zu haben, dass ich ständig beobachtet werde und sich alle Sorgen um mich und mein Wohlbefinden machen. Das gab mir ein Gefühl von Freiheit und Leichtigkeit.

Warum fühle ich mich in meiner Heimat nicht zu Hause? Warum fehlt mir hier Wärme und das Gefühl von Zugehörigkeit? Ich kann die Frage nicht beantworten und beginne einfach zu akzeptieren, dass es so ist. Sobald ich auf dieser mystischen Insel Santorin bin, fühle ich mich wohl und sehr lebendig. Sicher war es nicht unentwegt schön auf der Insel, es gab auch schwere Zeiten. Ich vergleiche das mit einer Beziehung: Die Insel und ich haben gute Zeiten und schwere Zeiten miteinander durchgemacht, doch am Ende zählt das, was dadurch entstanden ist. Und das ist ein wahrer Schatz an Erfahrung, an Erkenntnis, an Gefühlen, an Lebensfreude. Was dadurch entstanden ist, ist mein Leben. Das bin ich.

Auch Rückschläge gehören dazu

„Es gibt viel Trauriges in der Welt und viel Schönes. Manchmal scheint das Traurige mehr Gewalt zu haben, als man ertragen kann, dann stärkt sich indessen leise das Schöne und berührt wieder unsere Seele."

Hugo von Hoffmansthal, öst. Schriftsteller

Viele sogenannte Zufälle haben mich nach Griechenland geführt, immer und immer wieder. Das erste Mal kam ich durch die Algenpest in Italien in dieses Land, da hatte ich nämlich meinen Italienurlaub stornieren müssen. Seltsamerweise fühlte ich mich in Griechenland vom ersten Tag an wie zu Hause. Viele Jahre später hatte ich das Bedürfnis, mehr über das Land zu erfahren. Ich wollte die Menschen besser verstehen, ich wollte mehr sehen, als ich bisher gesehen hatte, und ich wollte testen, ob es immer noch gleich schön war, wenn man dort lebte und arbeitete. So landeten wir zu viert – drei Mädchen, die genau denselben Traum hatten, und ich – Jahre später auf Santorin. Ich hatte drei Tage bleiben wollen und am Ende waren es zwei Sommer geworden, in denen ich dort als Reiseleiterin arbeitete. Danach ging ich zwanzig Jahre lang immer wieder im Urlaub dorthin, um aufzutanken und dieses Gefühl von Heimat zu spüren.

Auch diesmal war mir klar, dass ich nicht ewig bleiben konnte, meine Auszeit war begrenzt, ich musste wieder nach Hause, um Geld zu verdienen, damit ich so rasch wie möglich wieder zurückkehren konnte. Bittere Tränen und ein trauriges Herz waren bei meinem Abschied nach dieser magischen Zeit nur allzu normal. Doch das alles nahm ich mit nach Hause, und noch etwas hatte ich diesmal im Gepäck... natürlich brachte ich es nicht über's Herz, ohne eine von diesen großartigen Fellnasen abzureisen. Das schönste Souvenir, das ich je von dieser Insel mitgenommen habe, heißt Angela. Was für ein unglaubliches Gefühl, dieser ängstlichen Hündin ein neues Leben schenken zu dürfen. Vielleicht habe ich mich unbewusst deshalb für sie entschieden, weil wir uns so ähnlich waren. Angela und ich, beide sind wir große Angsthasen, beide haben wir ein großes Herz und einen sturen Kopf, kurz gesagt – wir passen perfekt zusammen!

Wieder zu Hause im Alltag angekommen, war ich motivierter denn je, etwas für dieses Tierheim zu tun, ging auf den Weihnachtsmarkt, um Kettchen aus Steinen, die ich extra anfertigen ließ, zu verkaufen. Dann, im darauffolgenden Jahr, im nächsten Urlaub ging ich wieder hin, und es war wieder genauso wie beim ersten Mal.

Irgendwann wusste ich, dass es so nicht weitergehen konnte. Ich träumte davon, für eine längere Zeit nach Santorin überzusiedeln. Aber wie sollte das gehen? Die bürokratischen Hürden schienen mir unüberwindbar. Es war zum Verzwei feln – eine Idee hier, eine andere dort, ein Zweifel hier, ein Zweifel dort, Job kündigen, o Gott, was, wenn's nicht klappt? Ein Plan muss her, ich könnte mich selbstständig machen, würde ich den Mut dazu haben? Schließlich hatte ich doch meinen Abschluss als Lebens- und Sozialberaterin, war akademisch zertifizierter Mentalcoach, außerdem noch Fachkraft für tiergestützte Therapie, eine Ausbildung, die ich zwischendurch auch schnell noch gemacht hatte. Das sollte doch wohl genügen!

„Niemand weiß, wie weit seine Kräfte gehen, bis er sie versucht hat."

Johann Wolfgang von Goethe

Walks and Talks with Dogs! Mein großer Traum, Win-Win-Situation für Mensch und Tier! Ich würde Coachingreisen nach Santorin organisieren für Menschen, die genau solche oder ähnliche Problem hatten wie ich. Wenn es *mir* geholfen hat, dann könnte es doch auch anderen helfen. Und dazu könnte ich auch noch das Tierheim unterstützen mit meinen Besuchern. Der Plan war toll, meine Motivation ungebrochen, ich wollte jetzt nach zehn Jahren endlich den Mut aufbringen, meinen Job zu kündigen.

Als ich dann innerlich die Entscheidung getroffen hatte, zu kündigen und meinen Traum zu verwirklichen, kam die Angst zurück und hatte mich erst mal ganz schön im Griff. Ich fühlte mich zerfressen vom Zweifel und war zurück in der Depression, wie ich sie kannte. Doch ich hatte es schon einmal geschafft und wusste, dass ich es wieder schaffen würde, mich da herauszuholen! „Wenn nicht jetzt, dann gar nicht mehr, dann kannst du dir am besten gleich dein Grab schaufeln, dann bist du mehr tot als lebendig!", sagte ich mir. „Dann lässt du es, besorgst dir ein paar Pillen gegen die Depression, damit wirst du vielleicht noch ein paar Jahre durchhalten, zum Arbeiten wird's schon reichen, mehr braucht es doch nicht!"

Es war schwer, so einen Einbruch zu erleben, doch am Ende wusste ich, dass es keine andere Möglichkeit für mich gab, als diesen Weg zu gehen, und zwar ohne Kompromisse. Mit dieser Erkenntnis kam ein enormer Energieschub. Ich konnte kaum schlafen vor lauter Ideen und Tatendrang und hatte das Gefühl, dass es so viel zu tun gab und ich vielleicht wertvolle Zeit mit Nichtstun vergeudete. Ich war nicht mehr zu stoppen, Ideen kreisten in meinem Kopf, wie ich SAWA unterstützen könnte.

„Wo deine Talente und die Bedürfnisse der Welt sich kreuzen, dort liegt deine Berufung."

Aristoteles

Mein eigener Zustand war mir nicht mehr so wichtig. Meine ständige Angst vor Rückfällen wurde so sehr von Euphorie und Freude überlagert, dass sie ganz automatisch in den Hintergrund trat. Das allein war für mich schon ein Riesenerfolg! Mein ständiger Begleiter, die Angst, war inzwischen an die zweite Stelle gerückt! Welch wunderschöner Gedanke! Und langsam, ganz zaghaft konnte ich ein klein wenig Stolz in mir spüren, ein wichtiger Schritt war getan.

„Ich hatte an ganz andere Dinge zu denken als an mich."

Platon

In dieser Zeit, als die Kreativität und Aktivität langsam wieder in mein Leben zurückkehrten, konnte ich den Unterschied zwischen Stillstand und Bewegung ganz klar erkennen. Als ich einige Anfragen formulierte und E-Mails für meine Hilfsaktivitäten versendete, erkannte ich, wie sich die Logik des Säens und Erntens einmal bei einem depressiven und demgegenüber bei einem aktiven Menschen bemerkbar macht: Ein passiver Mensch sät nichts mehr. Das habe ich an mir selbst erlebt, nichts, weder ein Telefonat noch eine E-Mail noch irgendetwas, während ein aktiver Mensch vielleicht einen Freund oder eine Freundin anruft, sich mit anderen Menschen trifft, um mit ihnen über die gemeinsamen Interessen zu reden, die Hobbys zu pflegen usw.

„Wünschen ist ein Anzeichen von Genesung oder Besserung."

Friedrich Nietzsche

Endlich, nach etwa einem Jahr innerem Kampf, weiß ich jetzt, ganz egal, was kommt, ich treffe die Entscheidung für mich. Ja, ich werde meinen Job kündigen, ja, ich werde ein paar Monate nach Griechenland gehen, um wieder zu mir zu kommen, ja ich habe immer noch einen Rest Angst und Zweifel in mir, weil ich nicht weiß, wie es ausgehen wird, und ja, vielleicht werde ich sogar wieder zu meinem Job zurückkehren, weil man es mir angeboten hat. *Aber* ich werde mich auf das Abenteuer einlassen. Weil ich jetzt den Mut dazu habe, weil ich es wissen will und am eigenen Leib spüren und erfahren will, wer ich bin, was mir wichtig ist und wie es sich anfühlt, frei in all meinen Entscheidungen zu sein.

„Der Weg zum Ziel beginnt an dem Tag, an dem du die hundertprozentige Verantwortung für dein Tun übernimmst."

Dante Alighieri

Eigentlich habe ich diese Entscheidung schon vor einigen Monaten getroffen. Da hatte ich mir zum Ende des Jahres meine persönliche Deadline gesetzt, dann wollte ich meinen

Job kündigen, endlich, nach all den Jahren mit diesem inneren Gefühl, dass das noch nicht alles gewesen sein kann.

Warum ich so lange gebraucht habe, weiß ich nicht genau. Vielleicht weil ich als Steinbock nicht gerade schnelle Entscheidungen treffen kann. Vielleicht aber auch, weil die Zeit noch nicht reif war. Dieses Gefühl, sich die Freiheit zurückzugeben und einfach das Leben zu beginnen, das man liebt, ist unbeschreiblich schön. Vielleicht ist gerade das Verharren in unguten Situationen ein wesentlicher Grund für die Depression, die schleichend kommt, dieses Gefühl, ausbrechen zu wollen, aber nicht den Mut zu haben. Das macht starr und unbeweglich.

Wir wachsen mit jeder einzelnen Entscheidung, die wir ganz bewusst treffen. Und es gibt keine falschen Entscheidungen. Wenn eine Entscheidung sich im Nachhinein auch als nicht gerade perfekt herausstellt, dann hat sie uns immerhin eines gebracht: Erfahrung! Und wie sollen wir ohne Erfahrung wachsen?

„Und es kam der Tag, da das Risiko, in der Knospe zu verharren, schmerzlicher wurde als das Risiko, zu blühen."

Anaís Nin

Das Spannende am Leben ist das Leben selbst

„Und plötzlich weißt du: Es ist Zeit, etwas Neues zu beginnen und dem Zauber des Anfangs zu vertrauen."

Meister Eckhardt

Jeder Tag, jede Stunde, jede neue Erfahrung, sei es Schmerz oder Freude, all das lehrt uns, zu erkennen, was wirklich zählt im Leben. Unser Herz hat immer wieder versucht, uns den richtigen Weg zu zeigen, vielleicht in Momenten, in denen uns ein bestimmtes Wort, ein Satz im Radio, Teile eines Liedtextes, eine bestimmte Filmszene, ein Buch, eine Zeitungsmeldung ... was auch immer, berührt haben und uns nicht mehr aus dem Kopf gegangen sind. Das sind Wegweiser, die sollte man nicht vergessen, sondern notieren und überlegen, was sie gerade mit der eigenen Situation zu tun haben, warum sie uns so tief bewegen.

Das ist deswegen so interessant, weil es irgendwann ein Muster ergibt, und zwar bei fast allen Menschen. Was uns im Herzen berührt, hat etwas mit unserer Seele zu tun. Auf mich beispielsweise haben Schiffe immer eine besondere Faszination ausgeübt. Dahinter steckte wohl die Sehnsucht nach Freiheit. Ich war ständig auf der Suche nach meiner inneren Freiheit, sogar meine eigene Homepage habe ich danach benannt (www.innere-freiheit.at). Alles ist bereits vorhanden, wir brauchen es nur zu entdecken! Es ist wie eine große Schatzsuche, wir suchen unseren eigenen Schatz, das ist das Schöne daran, es geht um *uns*, um *unser* Leben.

Ich war mir überhaupt nicht bewusst, wie lange ich Zuschauerin in meinem eigenen Leben war. Wie oft hatte ich Träume und Ziele und immer dachte ich gleich: „Das werde ich ja sowieso nicht schaffen!" Wer hat uns diesen Unsinn eingeredet? Woher haben wir die Gewissheit, dass das stimmt? Wie oft haben wir tatsächlich versucht, einen Traum zu verwirklichen? Wenn ich ehrlich bin: Ich habe es nicht sehr oft versucht, viel zu schnell war immer die innere Träumerin von der inneren Kritikerin niedergemacht worden.

„Wie oft kommt es doch vor, dass man sein wahres Leben gar nicht lebt."

Oscar Wilde

Heute weiß ich, dass es darum geht, den ersten Schritt zu tun, denn als mir erst einmal klar war, wo es hingehen sollte für mich, da hat sich auch das Wie ergeben. Ich habe die alten Glaubenssätze über Bord geworfen und bin zur Spielerin meines Lebens geworden. Im Fußballspiel des Lebens gibt es keine befriedigendere Rolle – und wer sie einmal gespielt hat, tauscht sie nicht mehr ein, nicht gegen die Rolle des Fans, nicht gegen die des Zuschauers und schon gar nicht gegen die des Balls, der hin und her gespielt wird und nur von anderen bewegt. Als Spielerin kann man natürlich verletzt werden und der Schmerz ist dann sehr groß, aber man kann das Spiel eben auch jederzeit beeinflussen! Ich habe diese Metapher mit meinen Kundinnen und Kunden im Coaching oft benutzt, und sie wirkte jedes Mal faszinierend schnell.

Das Bild vom Fußballspiel mag auch deshalb so gut funktionieren, weil wir das Leben oftmals als Kampf betrachten: der Kampf ums Überleben, der Kampf um eine Position in der Firma, der Kampf um die besten Plätze usw. Tauschen wir nun „Kampf" gegen „Spiel" in unserem Kopf aus, ersetzen sowohl das Wort als auch das Bild, bestimmen uns mit einem Mal ganz andere Gefühle.

Mit jeder neuen Herausforderung, also sozusagen mit jedem neuen Spiel werde ich mehr und mehr zum Profi. Am Anfang war es schwer, ich fühlte mich schwach und es gab sogar echte Rückschläge, viele Tränen, auch Wut und Verzweiflung. Aber es geht darum, nicht aufzugeben, einfach weiterzumachen und zu trainieren. So werden wir immer besser im Spiel unseres Lebens. Echte Profis müssen täglich trainieren!

„Unglück ist auch gut. Ich habe viel in der Krankheit gelernt, das ich nirgends in meinem Leben hätte lernen können."

Johann Wolfgang von Goethe

Die Rolle der Kranken hatte ich auch schon so ziemlich bis zur Perfektion gespielt. Wenn man so wie ich länger krank ist und auch furchtbare Schmerzen erleiden muss, dann wächst man langsam, aber sicher in diese Rolle hinein. Plötzlich fühlte ich mich nicht nur krank, sondern gehörte auch zu der Gruppe der schwachen und kranken Menschen, und das fühlte sich nicht gut an. Ich fühlte mich ausgeschlossen und aussortiert, für den normalen Gebrauch nicht mehr geeignet, harte Worte vielleicht, aber so war es. Für eine längere Zeit war mir die Rolle der Kranken ziemlich alternativlos erschienen, doch allmählich hatte sich ein Widerstand gegen sie in mir geregt, denn sie ist auf Dauer sehr eintönig! Ich fühlte mich herausgefordert, Dinge zu tun, die Kranke eben nicht tun: Von einem Tag auf den anderen hörte ich auf, die Heiltees zu trinken und alle anderen Mittelchen zu nehmen, von denen ich mir Heilung versprochen hatte. Eines Tages hatte ich genug vom Kranksein! Zwar war ich da noch lange nicht geheilt von meinem Schmerz, aber es hat sich etwas anderes ganz Großes in mir verändert: Ich behandelte mich selbst nicht mehr als kranken Menschen, sondern begann einfach so zu tun, als ob ich ein normaler, gesunder Mensch wäre. Das war die erste große Herausforderung und half mir enorm, aus dieser Krankenrolle ganz langsam wieder auszusteigen.

„Wir müssen nicht ständig tiefsinnig hinterfragen, um weiter zu kommen – manchmal sind es ganz einfach nur Gewohnheiten, die es zu überprüfen gilt."

Andrea Mira Meneghin

Dann folgte die nächste Herausforderung: ein Wochenende wegfahren. Wie sollte das denn gehen? Ich hatte doch Monate nichts mehr geplant, denn ich wusste ja nie, wie es mir gehen würde, wenn der Termin herangekommen wäre. Dann habe ich es eines Tages einfach getan. Und siehe da, es hat funktioniert! Natürlich haben sich nicht alle Symptome auf einmal in Luft aufgelöst, aber es passiert im Unterbewusstsein etwas ganz Gewaltiges. Wir sagen ihm nämlich durch unsere Handlungen, was wir alles schaffen können. Wenn wir nur mit Tee unter der Bettdecke liegen, dann sagt das unserem Unterbewusstsein: „Mehr schaffst du gerade nicht!" Also mobilisiert der Körper auch nicht mehr Kräfte, fürs Bett reicht's ja!

Viel zu oft habe ich in meiner Einsamkeit und in meinem Schmerz darauf gewartet, dass ein Wunder geschieht, aber so funktioniert das nicht. Wir haben Potenziale mitbekommen, um Wunder zu bewirken, aber zuerst müssen wir *wirken*. Wir müssen selbst aktiv werden, ganz egal, wie oder wobei. So kann man ganz langsam den Körper durch den Geist überlisten. Und so habe ich allmählich eine Herausforderung nach der anderen bewältigt, und mein Körper wurde immer stärker und selbstsicherer und wollte mehr!

Begeisterung bedeutet für mich, etwas im Leben zu finden, was meinen Hunger nach geistiger Befriedigung stillt. Das kann alles sein und hängt immer damit zusammen, was die eigene Seele berührt. Es können Menschen sein, die uns faszinieren, ebenso wie die Liebe zur Natur, die Liebe zum Film, zur Mathematik, zu Tieren, zum Meer, zum Reisen ... Wenn wir aufmerksam sind und auf die Zeichen achten, die wir in schweren Zeiten empfangen, sie ernst nehmen und ihnen nachgehen, bekommen wir Hinweise auf unsere Richtung. Wichtig dabei ist, dass wir uns keinen Druck machen. Ich wollte die Erlösung aus meinem armseligen Zustand am liebsten gleich haben. Aber das geht nicht! Die Verschiebung der Erdplatten muss langsam vor sich gehen, sonst würden wir uns gar nicht mehr auskennen und vielleicht noch verwirrter sein, als wir es sowieso schon sind. Also gehen die Wege der Seele sehr langsam. Aber sie gehen, und das ist das Wichtigste!

Was wünscht man sich am sehnlichsten, wenn man durch die dunklen Stunden des Lebens geht? Licht natürlich und Heilung! Denn alles, was man hat oder ist, wird unbedeutend, wenn man kein Licht mehr sieht, keine Lebensenergie mehr hat und keine Freude mehr in sich spüren kann. Wahrscheinlich gibt es nichts Schöneres als dieses Gefühl von Erleichterung und Gelöstheit, wenn man wieder einen Lichtstrahl sieht. Manchmal taucht er in Gestalten oder Formen auf, die wir nicht gleich verstehen können. Deshalb ist es so unglaublich wichtig, mehr nach innen zu gehen, zu fühlen, zu spüren, wahrzunehmen. Die Sprache unserer Seele ist für uns manchmal schwer zu verstehen. Es sind die besonderen Momente und Gefühle, die uns etwas mitteilen wollen. Es sind die Bilder und unsere Träume, die uns wertvolle Wegweiser sein können. Wohin gehen meine Gedanken? Sind die Dinge, die für mich bis jetzt als normal galten, vielleicht plötzlich nicht mehr passend?

Das machte mir Angst! Allmählich fand in meiner Welt eine völlige Werteverschiebung statt. Ich begann an mir zu zweifeln: Was hatte ich da für komische Gedanken? Doch dann schob ich die Zweifel weg und begann, mich ganz und gar diesen inneren Wahrnehmungen und Gefühlen zu öffnen. Es waren die ersten Wegweiser für die so wichtige Richtungsänderung in meinem Leben. Wer konnte besser wissen als mein eigenes Herz, wohin mein Weg gehen sollte? Weder meine Eltern noch meine Freunde oder mein Partner konnten mir helfen. Sie alle waren mir sehr wertvolle Ratgeber und eine unentbehrliche Stütze in schweren Zeiten. Aber wenn wir an wichtigen Weggabelungen stehen und entscheiden müssen, welche Richtung wir einschlagen, geht das nur allein, so gern wir auch die Verantwortung von uns schieben würden. Es geht um das eigene Leben, die eigene Gesundheit, den eigenen Weg!

Unser Herz kennt die Antwort und innerlich wissen wir schon längst, wo die Reise hingeht. Wir können auf unsere innere Weisheit vertrauen.

Nur Mut!

„Die wirksamste Heilkraft ist die Liebe. Sie hat mehr Macht über Krankheiten als Medizin. Lieben heißt geben. Sei bereit alles zu geben, ohne dafür Dank oder Zinsen zurückzuerhalten. Denn wir werden nur durch das Geben reicher."

Arthur Lassen

Ich war nicht immer so zuversichtlich. Im Gegenteil: Ich war sehr weit entfernt von jeglicher Hoffnung und dem Glauben, jemals wieder gesund oder glücklich zu werden, ganz zu schweigen davon, ein Buch zu schreiben. Aber irgendwann bekam ich ein Zeichen aus der Tiefe meiner Seele, und zwar in dem Moment, als ich alles aufgegeben und sozusagen losgelassen habe. Ich hatte damals wirklich geglaubt, dass mein Leben auf der Stelle enden würde. Und vielleicht hat die Heilung ja genau in dem Moment beginnen können, als ich alles losgelassen habe, auch mein eigenes Leben. Da konnte ich ganz neu anfangen, als ob ich ein zweites Mal geboren worden wäre, nur dass ich diesmal wusste, was ich mit meinem Leben anfangen würde.

Sieben kleine Weisheiten:

1. Schmerz – Angst – Einsamkeit – Stillstand – Loslassen – Annehmen

„Wer seine Seele heilen will, soll über die Veränderung der kleinsten Gewohnheiten nachdenken."

Friedrich Wilhelm Nietzsche

Annehmen ist nichts anderes als Loslassen und Loslassen ist nichts anderes, als das anzunehmen, was ist. Denn das, was ist, hat einen besonderen Grund und eine bestimmte Phase in unserem Leben möchte etwas ganz Bestimmtes von uns, wir wissen vielleicht noch nicht, was, aber man muss auch nicht alles wissen!

Es ist anstrengend, die ganze Zeit etwas festzuhalten, aber genau das tun wir, wenn wir an unserem Leid Tag für Tag viele Stunden festhalten in Form von Grübeleien und von Fragen nach dem ‚Warum' oder ‚Warum gerade ich', oder in Form von Vergleichen mit anderen, glücklichen und gesunden Menschen, was die alles können und wir nicht.

„Grüble nicht, was möglich ist und was nicht. Tu, was du mit deinen Kräften zustande bringst – darauf kommt alles an."

Leo Tolstoi

Ich verstehe, dass solche Gedanken da sind, auch ich hatte sie. Aber ich musste erfahren, dass diese Kämpfe mich schwach und kraftlos machten. Also gab ich irgendwann das Kämpfen auf, und da wurde es leichter, und es kam wieder etwas Lebendigkeit in mein Leben, langsam, sehr langsam ...

Hör auf, gegen dein Schicksal anzukämpfen, gegen den jetzigen Zustand, lass einfach los und nimm das an, was ist. Akzeptiere den neuen Weg, und du wirst deine neue Richtung erkennen. Sobald du den inneren Widerstand loslässt und annimmst, was ist, wirst du dich leicht und gelöst fühlen. Das ist ein unendlich wichtiger Schritt in das neue Leben: Loslassen – Annehmen und dann kann es wieder schön werden!

2. Je tiefer und länger das Leid, desto größer das Geschenk

„Wenn uns etwas aus dem gewohnten Geleise wirft, bilden wir uns ein, alles sei verloren; dabei fängt nur etwas Neues, etwas Gutes an."

Leo Tolstoi

Wenn dich das Leid in körperlicher oder seelischer Form in aller Härte trifft, dann möchte dir deine Seele etwas sagen, was du bisher nicht verstanden, etwas zeigen, was du bisher nicht gesehen hast. Vielleicht liegt es an Entscheidungen, die du nicht für dich, sondern für die anderen getroffen hast, aus Angst zu verletzen oder aus Angst vor Veränderung. Deswegen ist deine Seele jetzt dein Begleiter, um dir dabei zu helfen, Entscheidungen aus Liebe zu dir selbst zu treffen, glaube fest daran, dass sich hinter jedem großen Leid ein unendlich wertvolles Geschenk für dich verbirgt. Wenn du bereit dazu bist, das Leid anzunehmen, bist du auch bereit, das Geschenk dahinter anzunehmen. Glaube daran, dass es ein wunderschönes Geschenk für dich und dein Leben ist!

3. Geduld

„Jede Krankheit ist heilbar – aber nicht jeder Patient."

Hildegard von Bingen

Sei geduldig und liebevoll mit dir selbst, gib dir so viel Zeit, wie du brauchst, um die Botschaften deiner Seele zu hören. Es werden vielleicht auch viele Stunden mit Tränen und Einsamkeit sein und dennoch ist es wichtig, diese Zeit und diesen Schmerz zu durchleben, fliehe nicht davor, wehre dich nicht dagegen, und seien es auch noch so viele Tränen voller Schmerz und Einsamkeit, diese Tränen wollen geweint werden, diese Einsamkeit will gespürt werden, damit du erkennen kannst, was deine Seele wirklich will. Vielleicht hat deine Seele Hunger nach Liebe, nach der Liebe zu dir selbst und zu einem Leben in Liebe. Hab Geduld mit den Tränen, sie werden den

Schmerz nach und nach lösen und in ein Meer von Licht und Liebe verwandeln. Gib dir alle Zeit der Welt und hab Geduld, alles geht einmal vorbei.

4. Ehrlichkeit

„Das beste Reinigungsmittel für die „Lebensbrille", durch die wir unsere Probleme betrachten, ist eine längere Krankheit."

Hermann Lahm

Reflektiere dein Leben ganz ehrlich für dich selbst, schaue, was sich nicht stimmig für dich anfühlt: Partnerschaft, Beruf, das private Umfeld? Möglicherweise lebst du nicht *dein* Leben, hast das aber bisher noch nicht wahrhaben wollen aus Angst vor zu großer Veränderung. Die Antworten werden umso klarer und deutlicher, je größer das Leid ist.

Wichtig ist dabei, den Mut zu haben, die Wahrheit zu sehen, das ist nicht immer einfach und kann manchmal etwas länger dauern, weil wir sie oft unbewusst verdrängen wollen, aber du wirst sehen, es befreit deine Seele von den Fesseln und wird dich zur Heilung und zur Liebe führen.

5. Liebe

„Gesundung beginnt, wenn etwas Neues in das Leben tritt, dessen Gewicht und Bedeutung die des Krankseins übertrifft! Liebe ist ein gutes Beispiel."

Thomas S. Lutter

Meine vielleicht wertvollste und wichtigste Erkenntnis aus meinem langen Leidensweg war die, dass es die Liebe war, die mich in all diese Um- und Zustände gebracht hat. Im eigentlichen Sinne war es mein Hunger nach Liebe und nach Leben, nach einem Leben, das ich liebe, der Hunger nach dem Gefühl, geliebt zu werden und zu lieben. Und dieses Gefühl wiederum kann nur dann erreicht werden, wenn du den ersten Schritt machst auf dem Weg in die Selbstliebe.

Kannst du dir vorstellen, dass du jemanden lieben kannst, der immer mit einem griesgrämigen Gesicht und verbittert durchs Leben geht? Wohl eher nicht, oder? Und kannst du dir vorstellen, dass hinter einer lächelnden Person im Einkaufsmarkt eine liebende Person steht, die vielleicht ein paar Worte mit dir wechseln wird? Das schon eher! Genau so ein Lächeln kann ein erster Schritt zur Liebe und Selbstliebe sein. Selbstliebe ist auch, wenn du dir vornimmst, ab morgen deinen Träumen und Visionen zu folgen, das ist wohl der allergrößte Liebesbeweis an dich selbst.

Liebe werden wir dann bekommen, wenn wir Liebe geben. Es ist oft die Erwartungshaltung, die uns in diese Starre bringt. Wir erwarten Liebe und Wertschätzung von außen, und wenn das Erwartete nicht kommt, sind wir enttäuscht und frustriert und traurig und, und, und ... Doch wenn wir stattdessen selbst damit beginnen, Liebe zu schenken, den Menschen, den Tieren, der Sache, für die wir uns einsetzen wollen, dann beginnt ein Kreislauf, der in bedingungslose Liebe führt und niemals endet, weil die Liebe nämlich immer mehr wird.

Wenn du damit beginnst, Dinge zu tun, die du liebst, werden wie durch Zauberhand Menschen in dein Leben treten, die dich lieben, wenn du dich von den Ketten deiner Gewohnheiten lösen kannst, um ein Leben zu leben, das du bedingungslos liebst, dann, ja dann erst wirst du bedingungslose Liebe erfahren, und zwar im Innen ebenso wie von außen. Dieser Zustand wird die wahre Erfüllung deines Lebens sein. Denn sobald du die Entscheidung triffst, dass du es wert bist, ein Leben in Liebe zu leben, für dich, werden ganz von selbst Dinge in deinem Leben passieren, die du dir nie erträumt hättest.

Es geht darum, den Mut zu haben, dich selbst zu lieben, das zu erkennen, und dann Schritt für Schritt zu beginnen, dein eigenes Leben zu leben. Beruf, privates Umfeld oder Partnerschaft zu verändern ist nicht immer leicht, aber manchmal der einzige Weg zur Heilung und zu einem Leben der bedingungslosen Liebe. Glaube an dich und an die Kraft der Liebe, die darauf wartet, gelebt zu werden. Fange gleich damit an, kleine

Schritte sind auch in schlimmsten Zuständen möglich, und glaube daran, dass jeder noch so kleine Schritt dir die Kraft gibt, den nächsten zu tun.

Lass zu, dass sich dein Schmerz in Liebe verwandelt...

Stell dir vor, dass du auf einer Bühne stehst, noch ist alles dunkel und die Zuschauer sitzen auf ihren Plätzen, alles ist sehr still. Du stehst da und kannst einen Schmerz in der Herz-gegend spüren, ganz intensiv, einen Schmerz, der von der Seele kommt. Es ist ein Gefühl von Einsamkeit und unerwiderter Liebe. Du sehnst dich nach Liebe, kannst sie aber nicht ertragen, weil sie zu sehr schmerzt, und du willst keinen Schmerz. Du willst diesen fast unerträglichen Seelenschmerz abstellen, am liebsten einfach einen Schalter betätigen, damit endlich wieder Frieden einkehrt. Aber es gibt keinen Schalter, es tut immer noch weh!

Plötzlich gehen die Scheinwerfer an und der Spot fokussiert genau dich. Du willst ausweichen, schaffst es auch ein paarmal. Das Licht ist so hell, dass es blendet, und zu viel Licht tut weh! Doch dann gibst du deinen inneren Widerstand auf und bleibst stehen. Langsam wirst du ruhiger, dein Atem wird freier und du bewegst dich einfach nicht weg von deinem Platz auf der Bühne, du bleibst stehen und lässt es nun einfach ge-schehen. Der Scheinwerfer ist weiter auf dich gerichtet und dann kannst du langsam spüren, dass dieses Licht, das auf dich strahlt, ein Licht voll Liebe und Wärme ist. Es hat nur dich im Fokus und es ist auch nur für dich da. Jetzt, da du nicht mehr ausweichst, kann dich dieses Licht voll und ganz beleuchten. Wärmende Strahlen dringen tief unter deine Haut, das Licht wärmt und erhellt dich bis in die letzte Zelle, endlich spürst du Wärme und Liebe in deinem ganzen Körper.

Es gibt ein paar Narben und Öffnungen in deinem Herzen, Risse, die von Schmerzen herrühren. Für das Licht der Liebe sind sie gut, denn dadurch kann es noch besser in dein Herz eindringen.

Die Liebe erfüllt nun dein ganzes Herz und deine Seele. Es wird wärmer und heller und vielleicht rollen ein paar Tränen über deine Wangen. Jetzt weißt du und kannst erkennen, dass du dir erlauben darfst, dem Licht der Liebe nicht mehr auszuweichen. Du darfst es ganz und gar empfangen, mit aller Freude und allem Schmerz. Vielleicht kannst du innere Befreiung und Gelöstheit spüren. Endlich bist du es dir wert, dich ganz und gar der Liebe des Lebens hinzugeben. Dieses Gefühl der Liebe gehört dir und will dir etwas sagen.

Du darfst die Liebe spüren, du darfst sie annehmen, und du darfst noch einmal so viel geben. Mit dem Geben hast du vielleicht weniger Probleme als mit dem Annehmen; doch jetzt ist die Zeit des Nehmens für dich gekommen, nimm es an, das Geschenk der Liebe. Wann immer du ein so intensives Gefühl von Liebe für etwas oder jemanden empfinden kannst, so heißt das nichts anderes, als dass du genau so viel Liebe für dich selbst spüren und empfinden kannst. Denn du würdest dieses Gefühl nicht kennen, wenn es nicht schon längst in dir wäre, alles ist da, alles ist vorhanden, wir müssen nur die Herzen öffnen, um die Liebe einzuladen, und zu der Liebe gehört auch der Schmerz. Sobald wir bereit sind, die Liebe und den Schmerz als Team zu akzeptieren, wird Liebe einkehren in unser Herz.

6. Mach jetzt nicht so weiter wie davor!

„Für die Welt bist du irgendjemand, aber für irgendjemand bist du die Welt."

Erich Fried

Wenn die Zeit des Schmerzes langsam vorbeigeht, lassen wir uns gern in die Gewohnheit zurückfallen und wollen einfach so weitermachen wie davor. Alles im Leben hat einen Sinn, und ganz besonders natürlich tiefer Schmerz. Oft haben wir die Botschaften sogar verstanden, dann kommt jedoch das große Aber: Habe ich die Kraft oder den Mut, mein Leben zu verändern? Falls diese Frage bei dir auftaucht, erinnere dich an die Zeit der Tränen und des Schmerzes und daran, was du dir in dieser Zeit alles versprochen hast: Wenn ich erst einmal wieder ..., dann ...

Ich kann dir nur ans Herz legen, alles zu tun, was bei dir als tiefer Wunsch auftaucht. Du wirst nichts verlieren, sondern im Gegenteil einiges an Leben, Liebe, Freude und Gesundheit gewinnen. Auch wenn es Kraft und Mut braucht, so hat dir die Zeit des Leidens doch alle Werkzeuge mitgegeben: die Geduld, etwas zu ertragen, den Mut, dem Leid und dem Tod ins Angesicht zu blicken, und die Kraft, endlich die nötigen Entscheidungen in Liebe zu dir selbst zu treffen. Das alles soll nicht umsonst gewesen sein, vertraue darauf und traue dich, alles dafür zu tun, dass du dich selbst lieben kannst. Diese Liebe wird von allen Seiten und von allen Menschen um dich herum wieder zurückkommen. Die Liebe ist die Kraft, die uns weitermachen lässt, sie war immer da und sie wird immer da sein; auch wenn wir sie nicht spüren können, ist sie da und wartet darauf, gelebt zu werden.

7.   Selbstwert und Selbstliebe

„Nicht das Denken erlöst die Welt, sondern die Liebe."

Manfred Kyber

Die Haltung, dass wir es nicht verdienen, ein Leben in Liebe und Fülle zu leben, hindert uns oft daran, es zu tun. Ich habe während meiner Depression erkennen dürfen, dass dieses unbewusste Muster uns oft in ein Leben verwickelt, das weder liebevoll noch sinnvoll ist, und doch glauben wir tief und fest daran, dass es so richtig ist. Weil wir den Schmerz nicht spüren, aber auch die Liebe darin nicht. Jeder Mensch ist es wert, ein Leben in Liebe zu führen.

Was ist in deinem Leben liebevoll? Was gibt dir das, was du dir aus tiefstem Herzen wünschst? Gibt es da irgendetwas? Oder fehlt es vielleicht noch? Taucht in deinem Leben vielleicht ein bestimmter Gedanke immer wieder auf, z. B.: „Die anderen haben es verdient, aber ich lebe halt das Leben, das ich lebe, also werde ich es wohl nicht anders verdient haben." Aber du hast es verdient, glaube fest daran und fange noch heute damit an, dir deine Sehnsüchte zu notieren und das, was in deinem Leben im Moment fehlt, und beginne damit, dir diese Dinge Schritt für Schritt in dein Leben zu holen. Ich behaupte nicht, dass es leicht ist, damit anzufangen, dein Leben zu leben und deinen Herzensweg zu gehen, aber ich kann dir garantieren, dass sich jeder einzelne Schritt lohnen wird, sei es auch noch so schwer und koste es auch noch so viel Kraft. Am Ende wirst du der Sieger sein. Höre auf deine innere Stimme, tue keinen einzigen Gedanken als verrückt oder komisch ab. Du hast das Recht auf ein Leben in Liebe und Fülle.

Wenn ich mich bedingungslos liebe, dann glaube und vertraue ich mir selbst auch bedingungslos und versuche nicht mehr, in ein Schema zu passen, nur weil es sich eben so gehört. Dann kann es schon sein, dass ich einmal meinen Job überdenken muss oder eventuell sogar das Risiko eingehen, ihn zu kündigen. Warum dieses Risiko? Weil ich es mir wert sein muss, Dinge im Leben zu tun, die ich liebe. Vielleicht muss ich meine Partnerschaft überdenken, was nicht heißen soll, dass Trennung für jeden Menschen die richtige Wahl ist, aber dennoch sollte ich mich fragen: Fühle ich mich geliebt in dieser

Partnerschaft? Tun wir gemeinsam Dinge, die auch ich liebe oder tun wir hauptsächlich Dinge, weil es mein Partner bzw. meine Partnerin so wünscht? Vielleicht ist auch das private Umfeld gar nicht das richtige für mich. Vielleicht sollte ich mich fragen: Tun meine Freunde mit mir gemeinsam Dinge, die ich liebe? Verstehen mich meine Freunde? Ist in meinem derzeitigen Umfeld diese bedingungslose Liebe zu spüren? Oder spiele ich nur eine Rolle, in der ich aus Gewohnheit verharre? Was wäre, wenn ich eine ganz andere Rolle spielen möchte, die vielleicht gar nicht so viel mit der zu tun hat, die ich bisher gespielt habe? Das sind schwierige und dennoch wichtige Fragen. Denn Selbstliebe ist der Schlüssel zur Heilung. Es geht darum, zu spüren, was mir guttut, in welcher Gesellschaft ich mich wohlfühle, ob ich zufrieden bin in meinem Job oder aus reinem Sicherheitsdenken, aus finanziellen Gründen bleibe oder weil ich zu alt oder zu ungebildet bin oder … oder … oder …. Es geht darum, herauszufinden, was guttut und was nicht.

Selbstliebe kann nur funktionieren, wenn ich die Person bin, die ich sein will, und wenn ich die Dinge tue, die ich liebe, dann erst werde ich bereit sein, mich selbst bedingungslos zu lieben. Und dann ist alles andere ein Kinderspiel, denn von diesem Zeitpunkt an sind wir auch bereit, andere zu lieben und so zu akzeptieren, wie sie sind. Wir werden liebevoller und verständnisvoller, ein innerer Frieden kehrt ein.

Wenn wir mit uns selbst in Frieden sind, dann sind wir es auch mit der Welt. Und dann geschieht noch etwas sehr Entscheidendes: Anerkennung und Wertschätzung von außen sind nicht mehr notwendig, sie werden zwar mehr denn je in unser Leben treten, aber da wir uns selbst lieben und schätzen, ist die Wertschätzung von außen unwichtig geworden, das bedeutet, wir werden unabhängig und warten nicht mehr auf positive Meinungen von anderen, um etwas wirklich zu tun. Wir trauen und vertrauen uns selbst. Dies wiederum wirkt für die anderen Menschen unglaublich selbstsicher und die Anerkennung, Liebe und Wertschätzung werden wie ein ganz magisches Zusatzgeschenk in unser Leben kommen, in Hülle und Fülle!

Und achtens ein Sinnbild: Das befreite Herz

„Was vor uns liegt und was hinter uns liegt, ist nichts im Vergleich zu dem, was in uns liegt. Wenn wir das, was in uns liegt, nach außen in die Welt tragen, geschehen Wunder."

Henry David Thoreau

Stelle dir eine Leinwand vor, auf der ein großes, schönes Herz erscheint, dein Herz. Schau es dir genau an, vielleicht kannst du Narben oder Risse erkennen, vielleicht ist es einmal oder mehrmals gebrochen worden, alles gehört dazu, das ist *dein* Herz. Trotz seiner Narben ist es immer noch sehr weich und wunderschön und in seinem Innern kannst du das warme und helle Licht erkennen, das ist die Liebe, die in deinem Herzen wohnt. Dann sind da möglicherweise diese vielen Verstrickungen, die von ihm ausgehen, vielleicht ist es auch ganz von Seilen und Schnüren umspannt. Das sind die unerfüllten Herzenswünsche und die unerwiderte Liebe. Andere Stricke führen zu Menschen hin und machen das Herz irgendwie unfrei. Es ist nach wie vor voller Licht und Liebe, aber doch eingezwängt in diese Verstrickungen.

Frage nun dein Herz, ob es dazu bereit ist, befreit zu werden von all diesen Erwartungen und Sehnsüchten und zu leuchten. Wenn dein Herz dazu bereit ist, dann beginne langsam damit, es zu befreien, löse die Fäden und Stricke, schneide sie einfach ab. Damit lässt du nicht gleichzeitig auch die Liebe los, die du für die anderen Menschen oder für deine Sehnsüchte empfindest. Die behältst du in deinem Herzen, so lange du möchtest, aber die Stricke, die dein Herz einengen, darfst du jetzt abschneiden. Befreie dein Herz Stück für Stück von allen Verstrickungen und betrachte das Bild deines Herzens. Vielleicht spürst du, wie es beginnt sich auszudehnen, zu weiten, vielleicht fühlt es sich leichter und gelöster an. Der Atem kann leichter fließen. Schau dir an, wie sich dein Herz freut, wie befreit und frei es ist, wie die Liebe und das Licht langsam stärker werden. Wie fühlt es sich an, dass du alles an Liebe behalten darfst und dennoch annehmen, was in deinem Leben kommen möchte? Es ist wunderbar, so frei zu sein, dein Herz darf leuchten und lieben, die Liebe darf jetzt aus deinem Herzen strahlen und ebenso kann die Kraft der Liebe ganz leicht in dein Herz eindringen.

Wenn du dein befreites und liebendes Herz ganz und gar sehen kannst auf der Leinwand, dann stell dir vor, wie du es jetzt in dir trägst, spüre, wie du frei bist und voll Liebe, die von deinem Herzen aus leuchtet. Du hast alle Erwartungen an unerwiderte Liebe und Sehnsüchte losgelassen und bist jetzt frei, dein Herz ist frei geworden und bereit für ein Leben in Liebe. Die Narben und Risse sind natürlich immer noch da, sie sind Öffnungen, durch die Liebe hinein- und hinausfließen kann. Du spürst, wie frei und hell es sich anfühlt mit diesem befreiten Herzen, jetzt bist du bereit, zu leben und zu lieben und wirst alles, was an Liebe zu dir kommen will und darf, wie ein Magnet anziehen.

Zum Schluss

„Nichts auf dieser Welt geschieht umsonst. Nur wir Menschen sehen oft den Sinn nicht. Bei einer Krankheit mußt Du umschulen: Vom Opfer zum Aktivisten!"

Dr. Ebo Rau

Manchmal kann eine Depression oder eine langwierige Krankheit auftauchen, weil wir ein Leben führen, das nicht unserem Seelenplan entspricht. Ich nenne das den Schrei oder den Hunger der Seele. Wenn wir ganz ehrlich zu uns selbst sind, dann wissen wir ganz tief in uns drinnen, wofür unser Herz schlägt. Und wir nehmen auch wahr, dass unserer Seele uns Hinweise gibt und auch unser Körper uns Mitteilungen macht. Es ist nur meistens so, dass wir auf so viele dieser Wahrnehmungen und Zeichen einfach nicht reagieren, weil wir insgeheim große Angst vor Veränderungen haben. Das gewohnte Leid ist uns manchmal sogar lieber als eine Veränderung für unser Leben.

Das ist sehr menschlich. Wir sind doch alle irgendwie Gewohnheitstiere und fühlen uns sicher in unserem gewohnten Revier. Dabei merken wir oft nicht, dass diese Angst längst ein Gefängnis errichtet hat, aus dem wir schwer wieder ausbrechen können. Doch wenn das Gefängnis zu eng und zu drückend für die Seele wird, dann beginnen der Körper oder die

Psyche Zeichen zu geben, zuerst leise, dann immer lauter und am Ende so laut, dass wir hinhören *müssen*.

Das sind oft Krisen und Momente der tiefen Verzweiflung, und sie können auch unsere größte Chance sein, wenn wir in uns hineinspüren und endlich erkennen, was uns all diese Zeichen sagen wollen. Das kann der Beginn einer intensiven und vielleicht auch der wichtigsten Reise zu uns selbst sein. Schmerz und Leid sind manchmal unsere letzte Chance. Denn erst, wenn man in einer wirklich schweren und längeren Krise steckt und nichts mehr zu verlieren hat, kann die innere Bereitschaft in uns wachsen, der Stimme des Herzens zu folgen, und dann geschieht oft beinahe so etwas wie eine wundersame Heilung.

Meine eigene Erfahrung hat mir gezeigt, dass man sich in Zeiten von schwerer Krankheit oder Depression nichts sehnlicher wünscht, als verstanden zu werden. Man braucht keine aufmunternden Sprüche oder guten Ratschläge. Man braucht kein Mitleid, sondern Mitgefühl. Man braucht keine Vorträge über alle möglichen Therapieformen, sondern Menschen, die mit dem Herzen zuhören können. Man kann keine glücklichen Menschen um sich ertragen, sondern braucht Gleichgesinnte, die verstehen, wie es einem geht. Das habe ich selbst so empfunden und auch viele Menschen, mit denen ich darüber gesprochen habe, haben mir das bestätigt.

Oft ist man gar nicht in der Lage, sich auf irgendetwas wirklich zu konzentrieren. Deshalb dieses Buch. Ein Buch ist geduldig und wartet so lange auf seine Leser, bis die Zeit reif ist. Ich möchte, dass sich Menschen in Zeiten von Hoffnungslosigkeit verstanden fühlen und erkennen, dass sie nicht allein sind. Es gibt sehr viele von uns! Diese Tatsache allein kann schon helfen, wieder Hoffnung zu schöpfen und nicht aufzugeben. Es gibt viele, die durch die Hölle gegangen und Tausende von Toden gestorben sind, um das wirkliche Leben zu erkennen. Es lohnt sich, zuerst geistig zu sterben. Ich will nicht behaupten, dass es leicht ist, aber ich wäre niemals der Mensch geworden, der ich heute bin, wenn ich diese Erfahrungen nicht gemacht hätte. Frieden und Dankbarkeit erfüllen mich und ich weiß heute, wofür und warum ich diese Erfahrungen machen musste. Selbstbewusst, stark und klar in meinen Handlungen, mitfühlend für Menschen, denen es nicht gut geht, immer da für die Schwachen. Wer von uns ist nicht selbst irgendwann einmal schwach. Stütze und Wegbegleiter sein für die, die mich brauchen, und dankbar sein für dieses Leben, das so spannend ist wie ein Roman, in dem ich meine Hauptrolle gefunden habe.

Ich möchte allen Menschen, die Ähnliches wie ich erlebt haben, Mut und Hoffnung schenken. Wenn man bedenkt, dass ich noch vor einigen Jahren ein Häufchen Elend war, das glaubte, sein Ende sei nah, so kann ich heute voll Dankbarkeit sagen, dass nach einer schweren Krise, Depression oder Krankheit eine sehr starke Kraft im Innern wachsen kann.

Wie sonst hätte ich den Mut bekommen, meine Geschichte zu erzählen? Jede Krankheit birgt eine riesige Chance, wenn wir daran glauben können, dass ein Sinn und eine Botschaft dahinterstecken. Schritt für Schritt konnte ich mit meiner Krankheit Erkenntnisse bekommen und daran wachsen. Ich habe nach und nach das Gefühl loslassen können, dass ich es nicht wert bin, ein glückliches Leben zu führen. Ich habe erfahren dürfen, was die wirklich wichtigen Dinge im Leben sind, nämlich Hingabe für etwas oder für jemanden. Bedingungslose Liebe ist der tiefste Wunsch der Seele. Ich bin darauf gekommen, dass das Ego immer *haben* will und die Seele *geben*.

Wir sagen ständig: Ich will gesund sein, ich will reich sein, ich will schön sein usw. Wenn wir jedoch die Seite wechseln und sagen: Ich will geben – Liebe, meine Talente an die Welt, meine Fähigkeiten für diese Sache usw. –, dann kann sich alles verändern und ganz schnell können wir aus der hilflosen Opferhaltung in die Eigenverantwortung kommen und dann macht sich die Gewissheit in uns breit, dass wir wertvoll sind für diese Welt. Dies ist vielleicht die wichtigste Erkenntnis und der Kernpunkt meiner Heilungsgeschichte.

Klarheit ist ein Thema, nach dem ich mich innerlich immer gesehnt habe. Heute habe ich Klarheit – über das, was im Leben zählt, darüber, wie ich meine Zeit und Energie einsetzen will und vor allem mit wem, Klarheit über die Dinge im Leben, die mir wichtiger sind als ich mir selbst. Klarheit über Leben und Tod, darüber, dass ich es bin, die in der Zeitspanne dazwischen aufstehen und etwas tun muss, damit ich nicht am Sterbebett unglücklich bin und daran denken muss, was ich doch alles hätte machen wollen, wenn ich gesund gewesen wäre und die Kraft dazu gehabt hätte. Klarheit über das Reden und über das Tun, darüber, dass es nichts Wichtigeres gibt, als etwas zu *tun*, um zu erfahren, wer man ist und was man will im Leben. Aufstehen, immer wieder aufstehen, auch wenn es anstrengend und mühsam ist. Du bist am Leben und das hat einen Sinn, du kannst noch aufstehen, also steh auf!

Vielleicht müssen wir einige Tode sterben, um zu erkennen, was Leben ist, und vielleicht können wir das wahre Leben erst dann richtig schätzen, wenn es fast verloren gegangen ist. Vielleicht gibt es weise Menschen, die das nicht brauchen, um ein Leben in Liebe und Fülle zu leben, aber ich habe keinen weisen Menschen getroffen, der nicht durch die Hölle gegangen wäre. Menschen, die viel Leid erfahren mussten, sind meines Erachtens besondere Menschen mit einer besonderen Aufgabe in dieser Welt. Es sind Menschen mit besonderen Fähigkeiten, der Weg mag hart sein, aber wertvoll und wichtig. Wenn wir das einmal erkannt haben, können wir vielleicht besser akzeptieren, dass mancher Weg steinig und hart ist, aber dennoch unersetzbar. Und wer kann einen Menschen mit Depression besser verstehen als jemand, der das selbst erlebt hat? Wer kann so einem Menschen besser helfen als jemand, der weiß, dass Aufmunterungen und fröhliche Gesichter nicht das sind, was dieser Mensch gerade braucht. Wer kann diese Sprache besser verstehen als jemand, der selbst durch das Tal der Tränen gegangen ist? Jeder Mensch ist wertvoll und einzigartig, auch Sie, vergessen Sie das nicht und geben Sie nicht auf, niemals, es wartet ein großer Schatz auf Sie.

„Ich will nicht nur an euren Verstand appellieren. Ich will eure Herzen gewinnen."

Mahatma Gandhi

Dank

„Wessen wir im Leben am meisten bedürfen, ist jemand, der uns dazu bringt, das zu tun, wozu wir fähig sind."

Ralph Waldo Emerson

Es gibt unzählige Menschen, denen ich danken möchte. Die meisten kann ich nicht namentlich aufführen, dafür waren es einfach zu viele! Jeder Mensch, der uns im Alltag begegnet, ist auf seine ganz besondere Art und Weise ein Lehrer; so haben wir täglich die Chance, von anderen Menschen zu lernen.

Meine engsten Freunde sind die, die in den schwersten Stunden zu mir gestanden haben. Die Bedeutung des Zuhörens mit dem Herzen ist unbezahlbar. Allein die Beantwortung einer E-Mail hat mir in dieser schweren Zeit Hoffnung und Mut gegeben. Die Macht von liebevollen Worten im richtigen Moment können dazu beitragen, dass wir uns verstanden und wahrgenommen fühlen. Ich bin sehr stolz darauf, Menschen mit Herz und Gefühl als meine Freunde bezeichnen zu dürfen.

Mein Dank richtet sich an meinen langjährigen Partner Michael, der die schwere Zeit mit mir durchlebt hat, mich nie fallen gelassen hat und immer für mich da war.

Einen ganz besonderen Dank möchte ich den Menschen von SAWA – Santorini Animal Welfare Association – aussprechen. Sie und im Besonderen Christina Kaloudi, die Leiterin der Organisation sowie Nancy und Rob Salvatore, haben mir gezeigt, dass es so etwas wie bedingungslose Liebe gibt und das war mein Schlüssel zur Heilung und Ganzwerdung. Meine Krankheit war es, die mir all diese Menschen und Erfahrungen geschenkt hat, auch dafür sage ich DANKE.

Viktor E. Frankl und Elisabeth Lukas und ihre Bücher haben eine ganz besonders tiefe Bedeutung für mich. Sie vervollständigten mein Gesamtbild von Heilung und Lebenssinn mit der Logotherapie. Die Weisheit und Liebe, die ich beim Lesen ihrer Bücher spüren konnte, haben alles andere übertroffen. Durch sie konnte ich die Hintergründe für meine Heilung noch klarer und deutlicher erkennen, dafür bin ich zutiefst dankbar.

Zum Schluss ist mir noch ein großes Bedürfnis, die positive Kraft des geschriebenen Wortes zu erwähnen. In meinen schwersten Zeiten, als mir jegliche Kraft fehlte, jemanden um Hilfe zu bitten, waren es immer die Bücher, die mir stets treue und liebevolle Begleiter waren. Worte, die aus dem Herzen kommen, können Unglaubliches bewirken. Vielleicht findet so mancher verzweifelte Mensch in einem Satz die Lösung, nach der er schon lange gesucht hat und kann dadurch wieder neuen Mut gewinnen. Deshalb bin ich zutiefst dankbar für Erfahrungen und Weisheiten anderer Menschen, die uns in Form von unzähligen Büchern zur Verfügung stehen. Die Schatzkammer der Weisheit ist prall gefüllt, wir brauchen sie nur zu nutzen. Alles was wir brauchen, steht uns zur Verfügung, ist das nicht ein wunderschönes Gefühl, das zu wissen? Ein ganz herzliches Dankeschön an alle weisen Autoren dieser Welt!

Sabine Linder

Buchtipps:

Bambaren, Sergio: Ein Strand für meine Träume. Piper Taschenbuch, 2001. ISBN: 978-3-492-23229-6

Bambaren, Sergio: Die Botschaft des Meeres. Was die Wellen erzählen. Ungekürzte Taschenbuchausgabe, 2004. Piper; Auflage: 6. 2004. ISBN-13: 978-3-492-24284-4

Frankl, E. Viktor: Das Leiden am sinnlosen Leben. Verlag Herder GmbH, Freiburg im Breisgau, 2013. Taschenbuch. ISBN: 978-3-451,04859-3alex

Hay, Luise L.: Gesundheit für Körper und Seele. Ullstein Taschenbuch. Erstausgabe 2004. ISBN-978-3-548-74097-3

Loyd, Alex/ Johnson, Ben: Der Healing Code. Die 6-Minuten-Heilmethode. Rowohlt Taschenbuch; Deutsche Erstausgabe 2012. ISBN: 978-3-499-62807-8

Lukas, Elisabeth: Sehnsucht nach Sinn. Logotherapeutische Antworten auf existenzielle Fragen, Profil Verlag, Taschenbuch 2004. ISBN: 978-3-89019-553-7

Lukas, Elisabeth: Binde deinen Karren an einen Stern. Was uns im Leben weiterbringt. Neue Stadt Verlag GmbH. Taschenbuch 2011. ISBN: 978-3-87996-907-4

Moorjani, Anita: Heilung im Licht. Wie ich durch eine Nahtoderfahrung den Krebs besiegte und neu geboren wurde. Wilhelm Goldmann Verlag München. Taschenbuch 2015. ISBN: 978-3-442-22107-3

Platsch, Dr. med. Klaus-Dieter: Was heilt. Die tieferen Dimensionen im Heilungsprozess. Knaur MensSana. Taschenbuch 2009. ISBN: 978-3-426-87430-1

Rankin, Dr. med. Lissa: Mind over Medicine. Warum Gedanken oft stärker sind als Medizin. Wissenschaftliche Beweise für die Selbstheilungskraft. Kösel-Verlag. Gebundene Ausgabe 2014. ISBN: 978-3-466-34597-7

Links:

http://www.innere-freiheit.at

http://sawasantorini.org

http://www.hundehilfe-santorin.com

http://www.santorini-cats.com

FSC
www.fsc.org
MIX
Papier | Fördert
gute Waldnutzung
FSC® C083411

Zeitfracht Medien GmbH
Ferdinand-Jühlke-Straße 7
99095 Erfurt, Deutschland
produktsicherheit@kolibri360.de